本书为国家社科基金重大项目"当代中国图书出版史"的子课题
"当代中国大众图书出版史"阶段性研究成果

畅销书
案例分析 第七辑

张文红 主编

知识产权出版社
全国百佳图书出版单位
——北京——

图书在版编目（CIP）数据

畅销书案例分析. 第七辑 / 张文红主编. —北京：知识产权出版社，2022.1
ISBN 978-7-5130-7760-6

Ⅰ.①畅… Ⅱ.①张… Ⅲ.①畅销书—出版工作—案例 Ⅳ.① G23

中国版本图书馆 CIP 数据核字（2021）第 201423 号

内容提要

传统的图书营销往往以"内容"作为核心竞争力，而忽视营销这一关键步骤。"畅销书"的出现开始从图书市场宏观营销的角度出发，贯穿图书的选题—出版—宣传—销售整个流程，通过以消费者为中心的整体营销活动去赢得市场。本书从多本非虚构类、少儿类畅销书入手，分析畅销书的营销模式，探究这些营销模式给我国书业营销带来的启示。

本书收集案例丰富，分析、点评到位，适合出版专业人士阅读。

责任编辑：郑涵语　　　　　　　　　　责任印制：孙婷婷

畅销书案例分析　第七辑
CHANGXIAOSHU ANLI FENXI　DI-QI JI

张文红　主编

出版发行：知识产权出版社有限责任公司	网　　址：http://www.ipph.cn
电　　话：010-82004826	http://www.laichushu.com
社　　址：北京市海淀区气象路 50 号院	邮　　编：100081
责编电话：010-82000860 转 8569	责编邮箱：laichushu@cnipr.com
发行电话：010-82000860 转 8101	发行传真：010-82000893/82005070/82000270
印　　刷：北京中献拓方科技发展有限公司	经　　销：各大网上书店、新华书店及相关专业书店
开　　本：720mm×1000mm　1/16	印　　张：13.25
版　　次：2022 年 1 月第 1 版	印　　次：2022 年 1 月第 1 次印刷
字　　数：200 千字	定　　价：68.00 元
ISBN 978-7-5130-7760-6	

出版权专有　侵权必究
如有印装质量问题，本社负责调换。

目录

001	《这里是中国》	李曼婷
015	《自卑与超越》	赵超奇
028	《乌合之众：大众心理研究》	王 晓
040	《你当像鸟飞往你的山》	张艺潆
055	《皮囊》	霍迎利
068	《查令十字街84号》	于 立
085	《文化苦旅》	郑文静
101	《撒哈拉的故事》	李文巧
113	《瓦尔登湖》	闫永长
127	《陪安东尼度过漫长岁月》	张 茜
137	《薛兆丰经济学讲义》	张 敏
149	《淘气包马小跳》	张 琪
163	《米小圈上学记》系列	苏梦园
178	《窗边的小豆豆合集（1-6）》	杜 芳
192	《狼王梦》	邓 楠

《这里是中国》

李曼婷

一、图书基本信息

（一）图书介绍

书名：《这里是中国》

作者：星球研究所，中国青藏高原研究会

开本：16 开

字数：315 千字

定价：168 元

书号：978-7-5217-0157-9

出版社：中信出版集团

出版时间：2019 年 9 月

（二）作者简介

星球研究所成立于 2016 年，是一家专业的地理科普传播机构，专注于探索世界，解构世界万物，用地理的视角来认知世界和人类自己，现已产出多篇现象级文章。2018 年，星球研究所被人民日报社和中国科学技术协会评为"中国十大科普自媒体"。

中国青藏高原研究会（CSTP）是中国科学技术协会的下属机构，成立于 1990 年 3 月，由全国从事青藏高原科学研究的科技人员和其他工作者组成，是我国发展青藏高原科学研究事业的重要力量。中国青藏高原研究会成立以来，积极开展青藏科考的科研交流、搭建科研平台和科普宣传，为青藏高原地区的科学技术发展和经济社会进步做出了巨大贡献。

二、畅销盛况

《这里是中国》出版于 2019 年 9 月，发售当天，在星球研究所的微信公众号平台上 5 小时售出一万册，20 天内图书总销量破 10 万册，一个月紧急加印 6 次共 25 万册，两个月销售额达到 6000 万元，3 个月销售 30 万册以上，累计售出 40 万册。

在如今新书品种持续下降、头部畅销书长期占据畅销榜的情况下，该书出版一个月即成为京东图书总榜和当当图书总榜的双料第一，是 2019 年 9 月全国新书排行榜非虚构类图书第一名，入选 2019 年 10 月中国好书榜单。出版三个月位列 2019 年京东科普读物销量榜第一名和 2019 年当当网科普读物畅销榜第五名。

《2019 中国图书市场报告》显示，借助京东图书的平台优势，《这里是中国》名列 2019 年纸书畅销新品榜第三名，进入总榜前十五名，星球研究所团队也凭借该书入围最受欢迎作者榜前十名，成为 2019 年的书界网红。此外，该书还入选了"中华优秀科普图书榜"2019 年度榜单，被评为 2019 年年度"中国好书"。

三、畅销攻略

《这里是中国》由星球研究所近 3 年的积累而成，将 365 张有地域代表性的高清摄影作品、53 张专业地图和数百条地理知识，汇成一部全视野的中国地理科普著作。从 2019 年 9 月出版至今，该书持续出现在各大平台畅销榜单上，在科普榜上更是始终名列前茅。它的畅销不是偶然，而是以下多种因素合力促成的。

（一）图书自身：科学性、艺术性与创新性的完美结合

1. 文本内容：科学性与可读性相统一

内容是图书的核心价值，《这里是中国》本质上是一本图文并茂的中

国地理科普书,书中的地理知识由专业科研团队把关,以科学理论为基础,耗时3年精心打磨,这是对读者最具吸引力的地方。与几百幅宏大的摄影作品相比,书中文字所占比例并不算大,但蕴含了丰富的地理知识,叙述角度独特,文字简洁易懂,既体现了地理这门学科独有的冷静客观,也体现了作者对中国地理山川的热爱,使这本书的文本既科学严谨又充满温情。

作为一本面向大众读者的科普性读物,书中的内容不是简单的知识罗列,不是高深的学术论文,而是与大众生活密切相关的地理与文化知识。地理科普与其他更偏向文科的科普文章相比,在语言表达上注定少了份俏皮活泼,多了份严肃客观。作者实事求是,追古溯今,以尽量通俗化的语言解读了中国重要地理区域和城市的物种、人文历史,让地理摆脱了枯燥的数字和概括性的文字,从地形形成讲到今天的区域划分,将从古到今的演变贯穿起来,从地区的诞生、发展、兴起,到今日对未来之展望,并提出许多值得当代人思考的问题,展现出一个既熟悉又陌生的中国,深入浅出的叙述把地理知识以一种有趣的方式传达给读者。

《这里是中国》的每篇文章精雕细琢,都是星球研究所团队对中国地理的独特解读和匠心呈现,为了保证科学性,本书请到了中国科学院院士、第二次青藏高原综合科学考察研究队队长姚檀栋亲自审核把关,对于文中有学术争议的观点特意注明,书后也罗列了众多参考文献。书中的知识不是单一割裂的,而是多个学科体系的综合,不同的论点往往伴随植物学、动物学、历史学等学科的佐证,书中精心绘制了53张专业地图,对气候、生物、城市各方面的数据分析提供支撑,有理有据。科普内容理性科学,非事实性的语言情感真挚,做到了科学性和可读性的统一,是适合所有读者了解中国地理的入门级科普读物,是一部有体系、有沉淀、有价值的好作品,这也是它能受到大众欢迎的根本原因。

2. 文章编排:去繁就简有新意

在文章编排上,《这里是中国》打破了传统地理科普图书对地理区域近似教条般的沉闷划分和循规蹈矩的传统,不再以单一的分行政区或地形区介绍各地的地形、水文、生物、气候、历史、城市、人口等知识，而是有依据有选择地以特定区域为载体，从雪山、江河到城市，把当地的地理风光与人文历史有机结合，化繁为简，别出心裁，展现出中国地理多元的自然与人文艺术。

这本书以"中国从哪里来"开篇，以"什么是中国"作为回应，16篇主体内容以"中国地势三级阶梯"为逻辑架构：第一阶梯的可可西里是全书主体部分的第一篇文章，展现出一种比较自然、较少受到人类影响的环境。第二级阶梯以中部和北部的高原、盆地为主，以伊犁、罗布泊、甘肃、西安、成都、梵净山为例，展现了高原与城市的不同风貌，最后一篇文章是第三阶梯充满烟火气息的江南。从可可西里写到江南，呈现了从自然荒原到人间烟火的变化。这种创新性的编排立足于中国的地势和地理环境，在空间尺度上更为灵活，将庞杂的中国地理归纳入一个全新的体系，给读者提供了地理科普不同的思维方式，让读者从时间和空间不同维度去看待自然与人类文明，将地理与人文有机融合，这让读者的视野更加广阔，是地理学科普的一次有益尝试。

3.摄影作品：摄影美学的感染力

地理学天生具有审美的特性，而摄影无疑是呈现地理之美的最佳方式之一。《这里是中国》打动读者的，除了优美的文字，便是动人的摄影作品。本书将山川河流的肌理与人间烟火的温情置于镜头之下，用镜头追逐极致的自然风光，捕捉多姿多彩的风土人情。

《这里是中国》对摄影作品的选择始终保持着极高水准，许多拍摄视角和地区选择都很罕见。每篇文章中的用图，都是从几千张摄影师投稿中精心挑选出最合适的几十张照片，还有不少摄影师专程重新拍摄，每一幅摄影作品的背后都是摄影师的坚持和付出。书中的摄影作品随着地域的变化而展开，收录了许多航拍和全景的摄影作品，视角宽广、场面宏大，将自然景观与人文景观融为一体，既能吸引读者眼球，又能让读者通过照片了解地区的地形、道路等地理情况；既有俯瞰全局的视野，又能让读者有身临其境的体验，在唯美的观感中，了解祖国的大美山川。该书不仅具有极高的艺术欣赏价值，也让中国地理的辽阔与多样得以完美呈现。

这本书中的 365 幅摄影作品来自 191 位身份各异的拍摄者，除了专业摄影师，还有记者、科研人员、军人、纪录片导演、铁路工作者、自然区保护区工作人员、牧民、设计师等来自不同行业的人。不同的地理生活背景使他们能从不同视角发现并记录中国地理的点滴美好，书中的摄影作品也因此有着真实的震撼人心的力量。

4. 主题出版与地理科普相结合：跳出固化思维 叫好又叫座

图书出版是与时代发展紧密相连的，党和国家的重大事件、重要节点，往往也是出版业的重要任务、重要机遇。《这里是中国》是一部地理科普读物，也是一部精品的主题出版物，是 2019 年中华人民共和国成立 70 周年的献礼之作。

主题出版是以特定主题为出版对象、出版内容和出版重点的出版宣传活动。广泛来说，主题出版并不限于党建读物、时政读物，但历年来的主题出版图书，大多更重视党史、国史、军史及重大节庆等传统题材，选题立意一般从宏观角度出发。

《这里是中国》跳出了市场上固有的主题出版思维的局限，不受题材、体裁的拘束，从地理的视角观察中国，主题鲜明、内涵丰富、感染力强，为读者充分展示了真实立体全面的中国，旨在让读者能在宏大的地理格局下，了解中国的过去、现在及充满希望的未来。中信出版集团副总编辑李穆说："我们不仅仅是在做一本书，更是用我们出版人的专业能力和职业素养，来讲述一个地理视角的年轻的中国故事。"

《这里是中国》将主题出版的价值诉求与读者现实阅读的需求相结合，可以算作一本建设生态文明和美丽中国的生动宣传物，向市场证明了优秀的主题出版物不仅可以带来巨大的社会效益，还可以带来十分可观的经济回报，这是主题出版在主题和内容上的一次创新，展现了主题出版物旺盛的生命力。

（二）图书装帧：设计力的匠心呈现

虽然内容是图书的核心价值，但读者首先注意到的是图书的装帧设计，好的装帧会吸引读者的目光，向读者传达图书的理念和特色，可以表达图书的精神内涵，其自身也有一定的艺术审美价值。

《这里是中国》在装帧设计上力求完美，呈现出良好的视觉效果。从图书的开本选择、封面设计到正文排版，都体现了本书的十足诚意。图书整体上采用了大16开的大开本版面，使精美的图片最大限度地给人以强烈的视觉冲击力和视觉享受，让本书的摄影作品和地图等细节得以清晰呈现；目录设计和图书的章节编排一脉相承，创新性地采用了三级阶梯的立体展现方式，将不同章节印制在不同的页面上，醒目直观；"裸脊锁线"的装帧方式可以让图书页面平整打开；书中内含的多幅超长拉页，最长达1.8米，给了读者全视野的阅读体验；印刷采用了四色彩印，高清还原照片质感。

图书封面设计往往决定了读者在本书前的停留时间，是影响图书销量和读者第一印象的至关重要的因素，是图书装帧中最为重要的一环。《这里是中国》的封面采用了浮雕起鼓的工艺设计，根据海拔同比例制作了中国全境地形图，以中国地形图为主视觉图，各种地形一目了然、清晰可辨，读者能在凹凸不平的图书封面上，触摸到高山、丘陵、沙漠、盆地、平原、河流等中国地理"肌理"的组成部分，更真切地感受实体书的触感，回归到地理最初的本质来认识中国。浮雕烫金的书名也极为突出，更显本书作为地理科普图书的质感。

在内文图文排版上，《这里是中国》创意大胆。正文文字使用了黑体顶格排版，大字突出每部分要讲的核心与重点，让知识更有冲击效果，字体颜色与图片色彩相对应，体现色彩的艺术感。文图一一对应，每一个开页都是一次独特的设计，保证读者的阅读体验。

（三）作者：科普与科研的通力合作

《这里是中国》是由地理科普团队星球研究所和中国青藏高原研究会

第二次青藏科考队合作创作的,是科普与科研通力合作的成果。

第二次青藏科考队是依托于国家第二次青藏科考任务聚集起来的科考队员群体,是国家青藏高原考察研究的重要战略力量,科考队聚焦水、生态、人类活动,考察研究青藏高原的环境变化和影响,为该书贡献了许多地理知识和精彩的文章。

星球研究所深耕地理科普领域,公众号文章阅读量常达百万,经过3年的积累,培养了一批忠诚度高、对地理科普感兴趣的读者,已发展成为科普地理领域的专业图书、音视频内容机构,至今已经拥有一大批忠实粉丝。

一个是专业的科研团队,一个是优秀的科普团队,创作者们以科学理论知识为基础,阅读大量科研著作、论文,凭借精准的判断能力,从众多晦涩的学术文章中汲取经验,厘清思路,创作出一篇篇条理清晰、经得起检验的好文章。他们严谨、诚恳、谦逊,是一群有专业背景、具有艺术性、懂得大众传播的优秀创作者,正是《这里是中国》取得成功的关键。

(四)社会需求:中国需要好的地理科普

1. 满足大众地理科普需求

近几年科普作者逐渐受到读者的欢迎,但在地理科普方面并没有出现较多优秀作者,中国的地理科普还没有形成规范的知识环境和体系,当下地理科普图书存在着科普性、可读性差,过度娱乐化等问题。

《这里是中国》避免了以上问题,满足了人们对优秀地理科普创作者和优质内容的需求。作者的专业性保证了内容的科学性,但并非高门槛的学术式科普,容易被大众接受;对科普图书而言,其最基本的功能是满足读者对于科学知识的需求。该书没有忽略主流科学知识,为读者呈现了地理科学的科研成果和思想,知识结构前后连贯、自成体系,保证了科普图书本身的严谨性。

《这里是中国》作为一本科普图书,除功能性利益需求外,还承载着情感含义,能满足读者的情感需求。通过阅读该书,能激起读者的自豪感和对中国大好山河的热爱，同时也让读者从不同角度理解环境与人类的相互作用，引起读者对文明与自然的思考，是一本优秀的地理科普作品。

2. 为青少年儿童提供优质地理科普

根据开卷发布的《中国少儿图书零售市场报告》数据显示，2019年1月到9月，我国少儿科普百科新书是少儿新书各类别动销品种中唯一不降反升的，在少儿细分图书市场中，少儿科普百科以17.68%的销售码洋位列第三位。可见我国少儿科普图书市场持续升温，市场规模也在持续扩大。

科普图书是激发少年儿童对科学兴趣的重要工具，也是培养儿童科学素养的主要资源。但受制于科技题材门槛高、作者创作思维和写作模式固化等诸多客观因素，少儿科普与教辅出版市场内容同质化严重、原创比例不足，地理科普类图书精品更是少之又少。从当当网和京东的读者评论反馈来看，《这里是中国》的读者群体中，除了广大的地理爱好者，还有很大比例的年轻家长，这正是因为它是一本适合孩子的高质量的地理补充读本。

书中对知识的讲述浅显易懂，摄影作品让孩子直观感受地理世界，知识性和趣味性兼备，还有着科普图书独具的真实性与逻辑性，不只是干巴巴地讲知识，而是用文学性的语言去描述科学。对少年儿童来说，能扩大孩子的知识视野，培养他们的科学思维与探索精神；对青少年学生来说，能够满足他们学习地理知识的需求，也填补了青少年优秀地理科普功能性图书的空缺，可以让孩子更好地学习地理，热爱中国地理。

（五）宣传推广：立体化营销打造畅销黑马

在宣传营销方面，《这里是中国》通过与京东图书的合作推广，借助微博、微信等平台进行社交平台社会化媒体营销，为新书预热，打开市场，线下积极举办读者活动，起到了良好的图书推广作用，积极助力了该书的畅销。

1. 与京东合作推广

《这里是中国》的畅销离不开与京东的推广合作。为提升新品销售量，京东在出版行业内大力推广"京东图书V计划"，并推出了"超级新品计划"，对新书进行分层运营。《这里是中国》被京东评估为"超级新品计划"中的A级品种，得到了重点推介，将营销推广资源向本书倾斜，包括图书首页轮转、顶通、渲染、京粉首页推荐、荐书联盟首页推广、高级广告语、热搜等几十项营销推广资源，这让本书在京东平台上有了极大的曝光率。

《这里是中国》上市前后，营销人员每天针对这本书的推广和销售进行深入沟通，京东根据销量表现对产品营销和库存不断提出各种建议，在图书预售期就开始加印并对销量实时跟踪。中信出版社的官微和星球研究所在新书面世时的传播文案中有且只有京东的销售链接，这为京东带来了一万多册的销量，也使这本书迅速登上了京东图书畅销榜。随着新书在榜单位置不断攀升，《这里是中国》受到越来越多的读者关注，带动了滚雪球似的增长。

为了给京东用户独家的购物体验，京东还特别策划了独家的定制版本。在京东购买这本书的读者，可以额外获得星球研究所在该书收录摄影作品以外精心选择的两张图片海报，这也进一步激发了读者的购买热情。

2. 社会化媒体营销

社会化媒体营销由于传播范围广、影响大、成本低的特点，已经成为图书营销宣传常见的手段。《这里是中国》采取了社会化媒体营销的方式，通过微博、微信等微平台进行内容营销，提高传播效果。

《这里是中国》上市前，编辑分析了读者群体，"首批读者一定来自星球研究所的核心粉丝群，这群人60%是男性，消费能力强"。新书上市期间，星球研究所的微信平台发布了图书预售和宣传的相关信息，并在宣传期内及时更新线下活动资讯，为读者向消费者的转换提供良好机会，也为本书创下了当日公众号渠道发售五小时一万册的销量。

在微博平台上，除了普遍采用的微博大 V 转发抽奖赠书宣传，星球研究所的微博在 2019 年国庆节期间发布了"展现中国之美、讲述中国故事"的微博活动；微博拥有 7400 多万粉丝的联合出品方人民网，在该书出版后每天在微博分享带有"致敬 70 年，一天一张没见过的大片！"的微博内容，分享该书中不同城市、不同地区的摄影作品并附有简单的介绍，文末带有图书的微博购买链接，为该书带来了一定话题讨论度和热度。

《这里是中国》还利用社会化网络和互联网平台，分别发布了不同的新书简介宣传文章，进行集中报道，提高了图书在短期内的媒体曝光率，吸引读者关注。

3. 线下积累人气

《这里是中国》发售时选择了在线下实体书店广泛布局，国庆节期间在全国各地书店及时补货，而许多书店专门为该书制作了有创意的书花和巨幅海报，将本书大量摆放在店内进门区域的最佳位置，或在展架及店内的醒目位置。作为出版方的中信在多个城市的中信书店，如深圳机场店就以书花等形式展示本书。这一做法能够吸引读者的注意力，让该书的潜在读者转化为消费者，也增加了非目标读者冲动买书的可能性。

随着线上线下图书发售，本书还针对地理爱好者、亲子、摄影迷等特定人群设置了不同的分享主题，精准营销，策划了一系列线下宣传活动。2019 年 10 月下旬至 11 月上旬，《这里是中国》陆续在上海、北京、成都等城市的实体书店举办了线下签售会；2019 年 11 月中旬开始在成都、广州、深圳、昆明书城举办主题分享会；2019 年 12 月起在北京市井观书房举办《这里是中国》主题影展——大美中国的发现之旅。举办分享会、签售会等线下活动，可以让作者与读者进行面对面的交流，直接获取读者的反馈信息，增强读者黏性，还可以刺激图书在实体店的销售，为本书带来持续性的效益。

四、精彩阅读

2017年8月8日21时19分,一场突如其来的7级地震,袭击了中国著名的旅游风景区——九寨沟。

原本色彩斑斓的多个高山、湖泊、坝体坍塌,湖水瞬间下泄,几乎干涸。昔日宽近300米、有着珠帘水瀑的诺日朗瀑布,变得荒败狼藉,犹如乡野土坡。

从仙界跌落凡尘,九寨沟仅仅用了一天的时间。变化之快,令人唏嘘。人们或为已经饱览九寨沟的风光而庆幸,或为尚未欣赏其美景而遗憾,似乎九寨沟的破败已成定局。

美景真的就此消失了吗?

当然不是。

如果我们了解九寨沟的形成历史,就会明白,一处风景想要"修炼"到九寨沟的级别,它所要经历的"磨难"是超乎想象的。对大自然而言,这点损伤实在微不足道。

一切磨难皆是修炼,一切毁灭皆是创造。

——节选自《九寨沟:毁灭与创造》第112页

在很多人的印象中,甘肃是一个偏远的西部省份。它有着大片干旱的土地、漫天的风沙,以及荒凉的边关。从我国的行政区划图上看,它似乎正在努力向西方延伸,渐渐远离东方腹地。

除此之外,你一定还有一个印象,就是所有关于甘肃的旅行指南都会浓墨重彩地介绍如何才能吃到一碗正宗的兰州牛肉面。从1915年回族人马保子制作出第一碗面算起,兰州牛肉面的历史不过刚刚百年,推荐牛肉面的文章却早已经浩如烟海。

相比之下,能深入、全面地解读甘肃的文章则寥寥无几。因为从庞杂的信息中梳理脉络并深入思考是非常困难的,但不加思考的惯性思维,以及制作不加思考而罗列信息的指南,却很容易。大众眼中的甘肃——一个偏远且荒凉的"拉面省"就这样形成了。

而在星球研究所看来,甘肃是中国最多元、最包罗万象的省份。各种截然不同的自然风光、水火不容的动植物都在这里会集,各种历史、文化、民族、宗教也都在这里交会。对它来说,愈多元愈美丽。

——节选自《甘肃:愈多元愈美丽》第 215 页

没有多少人有机会看到成都的全貌。这个城市面积广大,且时常被笼罩在雾气烟霾之中。

在成都工作的江西籍摄影师嘉楠决心用最笨拙的方法捕捉这样的机会。他连续三年在每天早晨 6 点登上成都东侧的龙泉山,静候云开雾散。

2017 年 6 月 5 日清晨,天气前所未有地晴好,嘉楠抓住机会一连拍摄了 32 张照片,最终拼接出了一幅真正的成都全景图。

之所以称之为"真正",是因为它不仅仅包含成都的城市风貌,而且还将成都"两山夹一平原"的基本地理格局展现得淋漓尽致。近处龙泉山万木并立,郁郁葱葱。远处 7000 米级的贡嘎山、6000 米级的幺妹峰,以及横断山脉的一众山峰都清晰可见。远近两列山脉之间密密麻麻的建筑耸立在广阔的平原之上,规模宏大,生机勃勃。这便是拥有 1600 万常住人口的超级都市——成都。

然而,即便全貌尽现,成都依然有着诸多待解之谜。它深处中国西南内陆,没有沿海城市与世界接轨的便利;它远离航运发达的长江水道,没有重庆等沿江城市的水运交通的优势。但是商业精英们却看好它的未来发展,北上广深之外,成都是他们追逐财富梦想的最佳选择。

普通人津津乐道于它的生活方式,美女、美食、麻将、茶馆似乎是成都人日常生活的全部,其舒适度之高令全国人民艳羡不已。在各大省会城市中,成都更是长期力压群雄,位列网络搜索热度榜之首,远超近些年愈发家喻户晓的杭州、南京。

成都究竟是一个什么样的城市?为什么会拥有如此大的魅力?

这也许要归因于它对三教九流、各个阶层的容纳。三千年以来,上至王侯将相,下至升斗小民,无数人逐一登临成都这个舞台,共同营建出了一个中国最具人间烟火气的城市。

——节选自《成都:烟火人间三千年》第 272 页

2018 年 7 月 2 日,贵州梵净山一举成为中国第 53 项世界遗产。

在此之前，外地人也许知道贵州的黄果树瀑布，也许知道赤水丹霞、荔波喀斯特。但对于梵净山，绝大多数人可能连名字都没有听过。

为什么是梵净山？在世界遗产大门外排队的那些中国名山，明明更加声名显赫，如长白山、衡山、恒山，更不用提申遗20多年而不得的华山。是因为贵州的好运集中爆发？是因为它是佛教五大名山之一？还是因为它的相貌出众？

都不是。

第一，梵净山的山形虽然特别，但黄山、庐山、华山等还是要更胜一筹，更不用提西部众多的巍峨雪山。

第二，所谓佛教五大名山，也并未被人们广泛接受。真正被广泛认可的只有九华山、普陀山、五台山、峨眉山四大名山。梵净山最多算是一个区域性的宗教名山。

看来，要真正了解梵净山的价值，已经不能用我们平常看待名山大川的方式了。因为它真正出众的不是外形，不是宗教，而是它所孕育的生命。

亘古至今，人世间滚滚红尘，梵净山如同一座孤岛。它在危急时刻接连三次出手，助力生灵繁衍存续。正如生态学专家吉姆·桑赛尔在梵净山实地考察时所言：

梵净山就像一座生态孤岛，有很多物种在里面生存、发展，它的周边就是人类活动的海洋。

——节选自《梵净山：红尘孤岛》第305页

想要解答"什么是河南"是异常困难的。

人们会说豪爽山东、天府四川，却很难用一个词来准确表述河南。因为它并非一个特质鲜明的省份。就如同它所处的位置，不南不北，不偏不倚，相当"中庸"。

……

中国再没有一个省份像河南这样，跌落得如此突然，如此深重，如此漫长，以至于人们对它的负面印象根深蒂固。即便近年来河南的经济已经逐步振兴，许多人的脑海中却依然抹不去其贫穷与落后的印象标签。长时间的衰落，巨大的人口基数，河南成了"地域黑"们最热衷的调侃对象。人们以偏概全，人云亦云，真实的河南反而变得面目不清。

最为显著的一点便是许多人以为河南只是一望无际的大平原，殊不知它同时也是一个山地大省。其山地、丘陵合计占全省面积的44%以上，可谓一半山地、一半平原。这一地理特征正是理解"什么是河南"的关键。

因为"上帝之手"在中原大地上一次次造山、造水，不但塑造了极佳的山川景观，更是接连创造了一段段历史奇迹。由此，河南逐步被推向辉煌的顶点，甚至直接奠定了华夏文明的根基。

——节选自《河南：造山造水造中华》第327页

现代地理学家多依据地貌来划分中国的地理单元。论高原，有青藏高原、黄土高原等；论平原，有华北平原、东北平原等。

古人则更喜欢从文化的同质性着手，辅以山川形便，构建出许许多多充满文化韵味的地理区划，如江南、塞北、中原、关中、河西、西域等。

只是这些古代区域的名称，有的已经被历史遗忘，不为现代人所用，如西域、塞北。有的则从人人争相攀附的神坛上跌落，变成一个个普普通通的区域名称，如中原、关中。唯有江南，在历经千年起伏之后，仍能让大部分中国人心生向往。

——节选自《江南：江河湖海的盛宴》第441页

五、参考文献

[1] 邓永标. 图书营销还能"玩"出什么花样？[N]. 中国出版传媒商报，2019-12-24（015）.

[2] 姚檀栋. 中国需要好的地理科普——《这里是中国》出版[J]. 全国新书目，2019（11）：10-11.

[3] 定价168元的科普书如何成为京东图书总榜TOP1[EB/OL],（2019-10-21）. https://www.chinaxwcb.com/info/557112.

[4] 京东大数据研究院京东图书. 中低线市场提速 细分领域市场在成长[N]. 中国出版传媒商报，2020-04-21（027）.

《自卑与超越》

赵超奇

一、图书基本信息

（一）图书介绍

书名：《自卑与超越》

作者：［奥］阿尔弗雷德·阿德勒

译者：曹晚红

开本：32开

字数：152千字

定价：39.80元

书号：978-7-5057-3748-8

出版社：中国友谊出版公司

出版时间：2017年1月

（二）作者简介

《自卑与超越》（*What Life Should Mean to You*）的作者阿尔弗雷德·阿德勒（Alfred Adler，1870—1937）出生于维也纳郊区一个中产阶级犹太人家庭，是奥地利的精神病学家，维也纳医学博士，精神分析学派代表之一，同时也是个体心理学的创始人。阿尔弗雷德·阿德勒一生阅历丰富，磨难颇多，他在幼年时期患上了佝偻病，看上去又矮又丑，又曾在5岁那年因患肺炎险些丧命，不幸的童年也使他在兄弟中间常感到自卑。但生活的挫折并未使他消沉,相反,他通过自己的努力不断超越自己。1895年,他获得了维也纳大学医学博士学位,成为一名医生;1902年,他加入弗氏集团,成为维也纳心理分析学会的主席及《心理分析学刊》的编辑;第一次世界大战期间,他曾在奥国军队当军医,战争结束后退役,随后在维也纳从事儿童心理学的辅导工作。同时,他将自己的专业技能向大量专业和非专业的人士进行展示和传授。从此名声大振。1926年,他受聘于哥伦比亚大学;1932年,他受聘为长岛医学院教授;1935年,他在美国创办了国际个体心理学学刊;1937年,他受邀到欧洲讲学,因疲劳过度,心脏病突发离世。阿尔弗雷德·阿德勒著作颇丰,主要著作有《自卑与超越》《生活的科学》《人类面临的挑战》《神经症的性格》《器官缺陷及其心理补偿的研究》《神经症问题》《理解人类本性》等,与弗洛伊德、荣格一起被人们并称为20世纪三大心理学家。《自卑与超越》在中国的畅销很大程度上让中国人对于该书作者阿尔弗雷德·阿德勒和他独创的心理学相关理论和观点有了更加深入的了解。

译者曹晚红是名编辑、记者,1995年毕业于中国人民大学新闻系,2008年获中国传媒大学法学博士学位。其曾任职多家报刊编辑、记者,在《人民日报》《中国青年报》《北京青年报》《北京市场报》等媒体发表新闻作品十万余字。

二、畅销盛况

《自卑与超越》从首次出版至今已有80余年,成为名副其实的全球超级畅销书,仅在中国,该书就有着几十种版本在销售。中国各家出版社和出版公司出版的《自卑与超越》纸质版和电子版图书在多家网络图书销售平台的心理学畅销书排行榜中都有上榜,在追踪多个时期当当网和京东的图书销售平台心理学畅销书排行榜排名前20的数据后可以发现,《自卑与超越》的不同版本在销量上都有着不俗的表现。表1是当当网的心理学畅销书排行榜中《自卑与超越》一书在各时期的最高排名。

表1　当当网心理学畅销书排行榜中《自卑与超越》最高排名表

时期	版本	出版单位	最高排名
2016年	李青霞译本（纸质书）	沈阳出版社	10
2017年	李青霞译本（纸质书）	沈阳出版社	10
2018年	马晓佳译本（纸质书）	民主与建设出版社	15
2019年	杨蔚译本（纸质书）	天津人民出版社	11
2020年（1月）	杨蔚译本（纸质书）	天津人民出版社	7
2020年（2月）	杨蔚译本（纸质书）	天津人民出版社	6
2020年（3月）	杨蔚译本（纸质书）	天津人民出版社	7

截至2020年4月初，在以上登上过当当网心理学畅销书排行榜的各个版本的《自卑与超越》中，天津人民出版社的纸质书版本有着14.8万余条购买评论，沈阳出版社的纸质书版本有着9.8万余条购买评论，民主与建设出版社的纸质书版本有着7.6万余条购买评论。

表2是《自卑与超越》（曹晚红译本）在京东图书心理畅销书排行榜中各时期的最高排名。

表2　京东图书心理学畅销书排行榜中《自卑与超越》（曹晚红译本）最高排名表

时期	版本	出版单位	最高排名
2018年	曹晚红译本（纸质书）	中国友谊出版公司	1
2019年	曹晚红译本（纸质书）	中国友谊出版公司	2
2020年（1月）	曹晚红译本（纸质书）	中国友谊出版公司	2
2020年（2月）	曹晚红译本（纸质书）	中国友谊出版公司	2
2020年（3月）	曹晚红译本（纸质书）	中国友谊出版公司	1

截至2020年4月初，在以上登上过京东图书心理学畅销书排行榜的各个版本的《自卑与超越》中，中国友谊出版公司的纸质书版本有着49万余条购买评论，沈阳出版社的纸质书版本有着10万余条购买评论。

中国友谊出版公司于2017年1月出版的《自卑与超越》（曹晚红译）的纸质书版本销量在当当网和京东的线上图书销售平台中更是异军突起，在众多版本的《自卑与超越》中突出重围，成功地保持着几个月内稳定的、持续的、十分出色的销量表现。

三、畅销攻略

《自卑与超越》的作者阿尔弗雷德·阿德勒从探寻人生的意义出发，启迪我们去理解真实的生命意义。整本书立足于个体心理学观点，从教育、家庭、婚姻、伦理、社交等多个领域，以大量的实例为论述基础，阐明了人生道路的方向和人生意义的真谛。《自卑与超越》这本书对青少年阅读者来说，是一本可以实现心理自我调节的成长读物，对于成年人阅读者来说，又是一本进入心理学领域的入门级教科书。

（一）名人效应

阿尔弗雷德·阿德勒是奥地利精神病学家，人本主义心理学先驱，个体心理学的创始人，是第一个对弗洛伊德的本能论提出挑战的人，他在进一步接受了叔本华的生活意志论和尼采的权力意志论之后，对弗洛伊德学说进行了改造，将精神分析由生物学定向的本我转向社会文化定向的自我心理学。阿尔弗雷德·阿德勒推动了精神分析社会文化派形成，促进了精神分析向人本主义心理学的转变，在方法论上体现出了整体论的原则，对后来西方心理学的发展具有重要意义。其关于人类自卑情结和超越方法的论述，使阿德勒在国际上享有盛誉。

（二）热门的论述视角

在谈论某种观点时，必定要从各种视角进入话题，就当今社会而言，社会中的物质生活越来越丰富，大众视角已经从如何维持物质条件下的生存转变为如何使精神生活和物质生活相适应上。在这种社会发展的大背景下，越来越多的家长也开始重视这样的问题：家庭中孩子的早期教育是如何影响孩子自身发展的？如何做才能使自己的孩子更加健康地发展？家庭环境和早期教育这两个视角无疑是有着巨大的谈论受众群体的，这两个视角也终将成为人们在对待孩子的成长方面上持久的、高热度的讨论和学习视角。

《自卑与超越》中指出"自卑情结"往往不是由单一的事情导致的，而是在反复的环境刺激下形成的，生活中环境的艰辛，受到各种各样的歧视经历都可能导致"自卑情结"的发展。而在这诸多的因素中，个人认为家庭的影响占据着首要的地位。阿德勒认为，"一个人发展过程中所出现的困难都是由其成长家庭中的敌意和缺乏合作精神所引起的"，并且书中的"家庭的影响"一章提到，家庭中导致孩子产生自卑情结的原因有三个：一是父母亲和孩子的关系，而其中母亲的角色更是尤为重要。孩子从出生的那一刻起，就与母亲紧密地联系在了一起，母亲是孩子们走向社会生活的第一座桥梁，"如果母亲未能和孩子建立起感情，兴趣和合作，那么这个孩子很难发展出对社会的兴趣"。同时，母亲在与孩子建立信任，伴随孩子成长外，还需要把孩子的兴趣引向父亲，给予信心，让孩子与社会接触。二是和谐平等的家庭关系，如果家庭中存在着权威人物，无论是父母中的任何一方，那么父亲和母亲就不能在家庭事务中平等合作，孩子们在成长过程中也就没有了学习和效仿合作精神的机会。三是兄弟姐妹之间的关联，父母要平等对待孩子们，过于偏爱家庭中的某个孩子会给其他孩子带来心理上的极大困扰，"孩子们的丧气，几乎都是因为他觉得另一个孩子较受偏爱引起的"。

阿德勒提出的自卑与补偿作用，是生活中普遍存在的。自卑为动力，补偿为方式，超越才是目的。阿德勒的理论对教育的启示也是深刻和亲切的，可以给教育者提供一种不同的育人视角。每个人克服自卑，寻求优越感的方式各不相同，由此也会形成不同的风格和人格。越来越多的实践告诉我们，在引导孩子时，让他们学会在自身外部探求生活的目标，在集体中体验到快乐，在合作中把自我和他人联系和统一起来，更有利于良好人格的形成。"奉献、对他人发现兴趣和互助合作"，从合作中发展出社会兴趣，为他人、为社会奉献是人生的意义所在，这也是贯穿在《自卑与超越》整本书的主要思想。作为父母，在对孩子成长的早期教育中，更要正确地看待孩子的思想变化并将正确的思想观点教授给孩子，要注意到孩子可能存在的自卑心理，要尊重他们，并积极地引导他们客观看待自己的不足与优点。当我们在孩子的早期教育中时刻保持着双方是平等和合作的状态时，我们才更能发挥出孩子的优势，避免过多的干涉，在自然与干涉之间找到平衡点，科学施教。

（三）作者的特殊经历

阿德勒之所以对自卑有如此研究，这与他童年的经历有很大的关系。阿德勒出生于一个犹太商人家庭中，虽然家庭能给予他的物质条件充足，但他却患上了软骨病，导致他身材矮小，相貌平平。家中六个孩子，阿德勒的大哥英俊聪明，这与患病的阿德勒形成了鲜明对比，所以他小时候在家中并不太招人喜欢，阿德勒四岁时弟弟去世，五岁时曾两次因患肺炎险些丧命。之后他还经历过几次车祸，童年有着如此多的不幸，阿德勒的精神也受到了很大的创伤。深受童年经历的影响，阿德勒为自己制定了学医的职业方向，并希望可以帮助更多的像自己一样深受疾病困扰的儿童。之后，阿德勒跟随着弗洛伊德做精神方面的研究长达十年之久，在长时间对精神分析研究后，阿德勒开创了自己的理论学说"个体心理学"。

阿德勒特殊的童年经历、成年后从事的研究领域和最终在心理学方面获得的成就，都为他写作这本书和提出关于"个体心理学"相关理论提供了十分有力的帮助，也使阿德勒的这本书在内容上更加贴近读者的心理和感受。

（四）文字风格

在《自卑与超越》一书中，阿德勒用了大量身边的案例来阐述自己想要表达的内容，这让读者在理解他的相关理论和观点上就显得十分便捷，也让读者在阅读过程中更多地体会到作者在写作时是能够和受众感同身受的。通俗易懂的文字搭配上大量生活中的例子，加之全书中没有大篇幅的纯理论的内容，就算读者没有心理学知识基础，他们在阅读过程中也不会在理解内容上感到吃力。

（五）图书装帧设计

中国友谊出版公司的《自卑与超越》和其他出版社的版本相比，显得更加简约素雅。护封是书籍封面外的包封纸，上面印有书名、作者、出版社名、广告语及装饰图画，一方面，它确保书籍不易损坏，另一方面，也可以装饰书籍，提高图书的档次。这版《自卑与超越》护封的三个面都采用了全白底色，书籍放在书架上，就算是只露出书脊，也十分醒目，读者能一眼就发现这本书。护封在用纸上也下了很大功夫，独特的凹凸竖纹纹理使读者在拿起这本书时，手部触感不同于其他封面平滑的书，更能给人一种新鲜感。护封上的内容修饰十分简约，除固定的中英文书名、作者名、译者名、出版社名以外，只有简简单单的三处宣传语。第一处是护封封面顶端，写着"每一个孩子都有过这样的经历与困惑，请不要再给他们的心理留下创伤与遗憾"，一句话引人深思，凸显了这本书对了解和治愈孩子心理的作用。第二处在护封封面的中间位置，写着"完整全译本"，彰显了这本书相较于其他版本在内容上的丰富程度。第三处在护封封面的中间靠下位置，先用金色底色、黑色字色写着"1932年首次出版，全球畅销80余年"，又在下方标注"与弗洛伊德并驾齐驱的心理学大师""个体心理学创始人阿德勒巅峰之作""著名翻译家曹晚红原版直译，心理学必读经典"三组短语，用精练的文字阐明了本书的作者、译者和内容的地位和重要程度。余下的前勒口提供了作者简介，后勒口提供了本书内容简介和相关出版信息，其余均无冗杂的广告宣传设计。护封下的封面则是采用了全黑底色的简洁设计，与护封产生了鲜明的对比，在内容上只少了相关的宣传语，其余均与护封一样。这样的黑白对比设计，既能使得书籍足够的醒目，又能给读者带来一种大气、严肃的感觉，进而让读者在看到这本书的外部装帧后就会觉得其中的内容一定是充实的、理性的、知识点十足的。

（六）内文版式设计

《自卑与超越》属于一本心理学入门级的图书，知识定位偏向严肃，所以在内文版式设计上相对保守和规矩。版心的占比较大，但四周的留白还是让读者在阅读时感觉到相当舒适，内容的字距和行距也相对偏向舒朗的风格，不会出现版心过大、文字较密而使读者产生阅读的压抑感。内文整体给读者的阅读感受就是爽朗舒适，读者在这本书正文四周的留白处做一些自己的读书笔记也可以说是一种宁静闲适的阅读体验。

（七）宣传营销手段

《自卑与超越》之所以能够常年畅销，并且各个版本的销量都不错，就是因为各版本在营销上都注重了线上线下相结合的营销策略。先说线下组织过的宣传营销活动就有很多，像豆瓣同城《自卑与超越》读书分享会、豆瓣同城《自卑与超越》星期二读书会、樊登读书全国各分会举办的《自卑与超越》主题线下读书沙龙活动、世界读书日《自卑与超越》线下读书沙龙、全国各线下实体书店新书推荐或限时好书推荐活动等，这些线下活动大多采用书籍推荐、书友自我介绍、主办方老师讲解、书友交流讨论、合影留念等流程来做书籍的宣传推广，并且大部分的活动都是免费参与的，所以对于距离活动举办场地较近的读者吸引力还是很强的。再说线上宣传营销活动，像樊登读书线上的《自卑与超越》限时免费阅读资源推荐活动、上海家长学校在线课堂"云开学堂"《自卑与超越》阅读分享直播活动、各大自媒体营销号线上推荐分享《自卑与超越》读后感活动、京东网等图书网络电商平台《自卑与超越》新书或好书线上宣传推荐活动、各类图书网络电商销售渠道《自卑与超越》打折促销活动等，大多利用网络渠道传播速度快、传播范围广、信息重复利用度高等特点开展对这本图书的宣传营销活动。这些众多的营销活动从整体上做到了线上线下宣传营销的有机结合，用不同的形式和流程分别吸引住了不同传播介质受众群体的注意力，进而使《自卑与超越》这本书形成长时间的畅销盛况。

四、精彩阅读

第一章　生命的意义

1. 生活对于我们的意义

人类生活在"意义"之中。我们一生中所经历的事物并不仅仅是单纯的事物，更为重要的是这些事物对我们人类的意义。即使是我们生存的环境中最简单的事物，人类在接触它们的时候也是从自己的角度作为出发点来看待它们的。"木头"指的是"与人类自身有关系的木头"，"石头"也是"作为人类生活因素之一的石头"。如果有人想脱离意义的范畴，而使自己仅仅生活在单纯的环境之中，那么他一定非常不幸：他将与自己周围的人丧失沟通的基础，他的行为无论是对他自己，或是对其他人都毫不起作用，都没有任何意义。我们一直是以自己赋予现实的意义来感受现实，我们所感受的不是现实本身，而是现实被我们所赋予的意义，或者说是我们的感受是我们自己对现实的解释。因此，我们可以顺理成章地说：每个人感受到的意义多多少少总是不完全的，甚至是不正确的，因为"意义"是一个充满了谬误的领域。

假如我们问一个人："生活的意义是什么？"他很可能回答不出来。通常，人们不愿让这个看似没有意义的问题来困扰自己，所以总是用一些陈词滥调的回答来搪塞；或者，人们干脆认为这个问题是没有意义的。然而，我们无法否认，自从人类有自己的历史开始，这个问题便已经存在了。在我们这个时代，不仅是青年，连一些上了年纪的人们也会经常为之困惑："我们为什么而活着？生活的意义又是什么？"自然，无数的事实让我们可以断言：通常人们只有在遭遇失败挫折的时候，才会发出这种疑问；假如一个人的一生中没有任何的波澜和起伏，也没有遇到过任何的困难和险阻，那么这个问题便不成其为问题，也不会被诉之于言词。

在一般情况下，人类通过自己的行为来诠释生活的意义，几乎每个人都只把这个问题和它的答案通过自己的行为表现出来。如果我们观察一个人的行为，而完全不管他的言论，我们将会发现：他的姿势、态度、动作、表情、礼貌、野心、习惯、特征等等，无不体现出他个人对于"生活意义"的理解。他的行为让我们相信，他似乎对某种关于生活的解释深信不疑，他的一举一动都蕴含着他对这个世界和他自己的看法。他似乎是在用自己的行为向世人宣告："我就是这个样子，而世界就是那种形态"，这便是他赋予自己以及生活的意义。

生活的意义因人而异，也正因为如此，生活的意义多得不可胜数。而且，我们会发现，每一种个体自认为正确的生活的意义可能多少都含有错误的成分在里头，没有人拥有绝对正确的生活意义；但同时我们也会发现，无论是哪一种生活的意义，只要有人持这种态度，它也绝不会是完全错误的。所有的生活意义都在这两个极端之间变化。然而，这些变化——或者说，不同的人赋予生活不同的意义却有高下之分：它们中有些很美妙，有些则很糟糕；有些错得多，有些则错得少。我们还可以发现：较好的生活意义具有一些共同特征，而较差的生活意义则都缺乏这些特征。这样，我们通过对经验的归纳总结，就可以得到一种相对"科学"的生活意义，它是真正意义的共同尺度，也是能使我们应付与人类有关的现实的"意义"。在此，我们必须牢牢记住："真实"指的是对人类的真实，对人类目标和计划的真实。除此之外，没有别的所谓"真实"。如果还有其他的"真实"存在，它也和我们没有关系，我们无法知道这种"真实"，这种"真实"也因此是没有任何意义的。

2. 人生的三大事实

每个人都不得不面对三条重要的事实，这些事实是他必须随时牵挂于怀的。一个人的现实生活不得不受这三条事实的制约，他所面临的问题也都是这些事实所造成的。由于这些事实无所不在地缠绕着人类，所以我们必须不断地回答因此而产生的问题，一个人对这些问题的回答能够体现出他对生活意义的个人理解。

这三个事实之一是：我们人类居住在地球这个贫瘠星球的表面上，我们没有办法脱离地球的表面去讨生活。换句话说，我们无处可逃，我们必须在这个事实的限制之下，依靠我们所居住的地球提供给我们的资源繁衍生息。我们必须发展我们的身体和心灵，以保证人类的未来得以延续。这是一个向每个人索取答案的问题，没有人逃得过它的挑战。无论我们做什么事，我们的行为都是我们对人类生活情境的解答：它们显现出我们心目中认为哪些事情是必要的、合适的、可能的、有价值的。这些解答又都被"我们属于人类"以及"人类居住于这一地球之上"等事实所限制。

当我们考虑到人类肉体的脆弱性以及我们所居住环境的不安全性时，我们可以看出：为了我们自己的生命，为了全体人类的幸福，我们必须拿出毅力来界定我们的答案，以使它们眼光远大而前后一致。这就像我们面对一个数学问题一样，我们必须努力追求解答。我们不能单凭猜测，也不能希图侥幸，我们必须用尽我们力所能及的各种方法，坚定地寻求答案。我们虽然不能发现绝对完美的永恒答案，然而，我们却必须用我们的所有才能来找出近似的答案。我们必须不停地奋斗，以找寻更为完美的解答，这个解答必须针对"我们被束缚于地球这个贫瘠星球的表面上"这件事实，以及我们居住的环境所带给我们的种种利益和灾害。

现在，我们来讨论第二种事实。这个事实是：我们自己并不是人类种族的唯一成员，我们四周还有其他人，只要我们活着，就必然要和他们发生联系。单个的人是很脆弱的，他要受到种种限制，这使得单个的人在多数情况下无法单独地完成自己的目标。假如一个人孤零零地活着，并且想只凭借自己的力量来应付一切问题，他只能面对失败和灭亡。单个的人无法保全自己的生命，人类的生命也因而无法延续下去。个体必须和他人发生联系，因为个体的人是脆弱的、无能的、受到种种限制的。个体的人为了自己的幸福，同时也为了人类的福利，所采取的最重要的步骤就是和别人发生联系。因此，我们对生活问题的每一种答案都必须把这种联系考虑在内，我们必须认识到：我们生活在与他人的联系之中，假如我们将自己孤立，我们必将自取灭亡。这是一个不容置疑的事实，因此，我们人类最大的问题和目标就在于：在我们居住的星球上，和我们的同类合作，以延续我们的生命和人类的命脉。如果我们想要生存下去，我们的情绪、行为就必须和这个问题与目标互相协调。

人类同时还被另一种事实所束缚：人类有两种性别，个体和人类集体生命的存续都必须依赖这一事实。由于这一事实的存在，人类社会才产生了爱情和婚姻这两种联系，这是每一个男人或女人都无法回避的。人类面对这个事实时的所作所为，体现了他对生活给出的某种答案。人们可以用许多不同的方式来解决这一事实所带来的问题，他们的行为可以表现出他们认为可以为他们解决这个问题的最佳方法。

我们在前面所叙述的这三种事实带来了三种问题：如何谋求一种职业，以使我们在地球的天然限制之下得以生存；如何在我们的同类之中获取地位，以使我们能互助合作并分享合作的利益；如何调整我们自身，以适应"人类存在有两种性别"和"人类的延续和扩展，有赖于我们的爱情生活"等事实。事实上，这三种问题就是人类不得不面对的职业、社会和性这三个问题。

个体心理学（Individual Psychology）的研究发现：对于个体的人来说，生活中的每一个问题几乎都可以归纳于职业、社会和性这三个主要问题之下。每个人对这三个问题所做出的反应，都清楚地表现出他对生活意义的最深层的感受。举个例子说吧，假如有一个人，他的爱情生活很不完美，他对职业也不够尽心尽力，他的朋友很少，因为他发现和他的同伴接触是件痛苦的事。那么，从他在生活中所遭遇的这些拘束和限制，我们可以断言：他一定会感到"活下去"是件艰苦而危险的事，生活对他来讲机会太少而挫折太多。他的活动范围一定非常狭窄，这与他对生活的意义的判断有关：生活的意义对他来讲是保护自己免受伤害，因而他倾向于把自己封闭起来，避免和别人接触。反过来说，假如有一个人，他的爱情生活非常甜蜜而融洽，他在工作上取得了可观的成就，他的朋友很多，他的交际范围广泛而成果丰硕。我们可以据此而断言，这样的人必然会感到生活是一种富于创造性的过程，生活中充满了机会，却没有不可克服的困难。对于他来说，生活的意义在于与同伴携手共进，并作为社会的一分子，为人类的幸福贡献出自己的一分力量。

——节选自《自卑与超越》第2~7页

五、参考文献

[1] 张文红. 畅销书理论与实践 [M]. 北京：中国传媒大学出版社，2011.
[2] 阿尔弗雷德·阿德勒. 自卑与超越 [M]. 曹晚红译. 北京：中国友谊出版公司，2017.

《乌合之众：大众心理研究》

王　晓

一、图书基本信息

（一）图书介绍

书名：《乌合之众：大众心理研究》

作者：［法］古斯塔夫·勒庞

译者：冯克利

开本：32开

字数：120千字

定价：30元

书号：978-7-8010-9366-0

出版社：中央编译出版社

出版时间：2011年5月

（二）作者简介

古斯塔夫·勒庞（Gustave Le Bon），法国社会心理学家、社会学家，群体心理学的创始人。1841年出生于法国诺晋特－勒－卢特鲁，1866年在巴黎获得医学学位，后随探险队游历北非、亚洲和欧洲多国，写了一些游记和有关人类学、考古学的著作。1879年，他进入了巴黎的人类学研究中心，凭一篇研究大脑容量与理智关系的论文获得了戈达尔奖。1884年，他开始研究社会心理学，因具有革命性和颠覆性的观点引起研究中心的不满，愤而辞职成为独立研究者，从此被排挤出官方学术圈。1894年，他发表了回应达尔文《天演论》的文章，同时，凭借《民族演化的心理规律》一书奠定了其在心理学界的地位。此后，他出版了一系列心理学著作，如《乌合之众》《社会主义心理学》《革命心理学》和《战争心理学》，最后于1931年去世。

译者冯克利，曾担任山东省社会科学院儒学研究中心研究员，现任山东大学政治学与公共管理学院教授，博士生导师。译有《政治的浪漫派》《宪政经济学》《反潮流：观念史论文集》《二十世纪的政治哲学家》《致命的自负》等；著有《尤利西斯的自缚：政治思想笔记》《虽败犹荣的先知》。冯克利先生是国内公认一流水准的翻译家，自20世纪90年代以来对学术思想的传播有着突破性的杰出贡献，在公共思想领域有着不可替代的地位。

二、畅销盛况

《乌合之众》首次出版于1895年，是作者古斯塔夫·勒庞凭个人研究兴趣写成的一部学术著作。它以18世纪法国大革命为背景，独辟蹊径地开拓了群体心理学研究视角，对群体的心理特征进行了鞭辟入里的分析，观点大胆新颖，颠覆了人们的通常认知，是社会心理学研究领域的奠基作品之一。书中的思想观点深刻影响了弗洛伊德、荣格、托克维尔等学者及罗斯福、丘吉尔、戴高乐等政治人物，弗洛伊德称其为"当之无愧的名著"。《乌合之众》至今已被翻译成约20种语言出版，再版将近30次，销量超过2亿册。2010年，法国《世界报》将该书列入"改变世界的二十本书"，历经百年，其影响力仍长盛不衰。

勒庞的这一学术著作最早在民国时期被译介到中国。1923年钟健闳翻译的全译本，其中文译名为《群众》，直到2000年1月，由冯克利翻译、中央编译出版社出版发行的《乌合之众：大众心理学研究》正式开启了在中国的畅销之路。20年内，其被50多家出版社翻译出版，其中，中央编译出版社曾8次出版该书。自2017年开始，《乌合之众：大众心理研究》在当当网的心理学类畅销书年榜上稳居前三位。2020年1月到3月，《乌合之众：大众心理研究》更是蝉联当当网心理学类畅销书月榜冠军。这部已有百年历史的学术著作，至今仍在散发着它的魅力与价值。

三、畅销攻略

《乌合之众：大众心理研究》开辟了群体心理学的研究视角，百年来，持续占领全球心理类图书细分市场，后续同类书无法企及。究其原因，一方面，作者的洞察力和预见力经历了时间的考验，《乌合之众：大众心理研究》中的观点在当今社会仍能找到广泛的应用场景；另一方面，出版方把握时机，回应公共情绪，引导集体价值判断的营销运作，突破了空间的制约，使其开启了在中国的畅销之路。

（一）译名的独具匠心

中国出版集团公司原总裁聂震宁先生曾说："书名之立，即一本书的命名，不仅是书籍内容的归纳或者标识，往往还能为内容传播提供独特的推动作用。"可以说，好的书名不仅是图书灵魂的提炼，更是图书传播推广的利器。

《乌合之众：大众心理研究》作为一部经典学术著作，其内容相较大众读物更严肃庄重，在命名时既不能"博眼球"，也不能天马行空脱离主题，十分讲究命名艺术。此书的英文名是 *The Crowd*：*A Study of Popular Mind*，*The Crowd* 直译为"人群、群众"；而书中描述的人群主要是指"心理上的群体"。勒庞指出："个人一旦融入群体，他的个性便会被湮没，群体的思想便会占据绝对的统治地位，而与此同时，群体的行为也会表现出排斥异议、极端化、情绪化及低智商化等特点，进而对社会产生破坏性的影响。"显然，在勒庞的眼中，对群体看法是贬义的，直译名"人群、群众"并不能点明主题。"乌合之众"一词的含义是"无组织无纪律，如乌鸦般仓促聚合的群众"，这意味着，"乌合之众"不仅忠诚贴切地表达了原著主题，而且突破了学术书命名桎梏，有一定的创造性，为后续在中国的传播打下了坚实的基础。

从民国时期最初的译名《群众心理》起，经历了不断重译、再版，直到 2000 年由中央编译出版社出版、冯克利翻译的版本才正式将其命名为《乌合之众：大众心理研究》，而如今《乌合之众：大众心理研究》早已进入公版书领域，被 50 多家出版社争相出版。在译名上，除了副标题有所差异，主标题都以《乌合之众》为主，足以证明其译名对作品形象塑造、作品社会传播的非凡意义。值得注意的是，在当今网络环境下，"乌合之众"一词更是成为标志性的网络流行语，数字时代《乌合之众：大众心理研究》的畅销，其译名功不可没。

（二）作者的文本表达

勒庞有着多维度的学术背景，研究范围涉及多个不同领域，而早期随探险队游历各国的调研经历也丰富了他的阅历，造就了其独特的研究视角，这也反映到了他的著作当中；此外，心理学研究随着社会经济的发展，成为与社交、职场、财富等主题密切相关的大众话题，这意味着《乌合之众：大众心理研究》一书具有潜在的大众性，同时，相较通常学术著作写作的乏味，勒庞的写作风格更引人入胜，体现了一本畅销书所应有的特质。

在阅读体验上，勒庞的文本表达与当下的自媒体写作十分相像。在陈述某一观点时会先进行铺垫，抛出问题与读者问答互动，引起读者求知欲，抓住读者的兴奋点；再以其行云流水的文字，夯实丰富的材料将观点抛出。勒庞前卫的写作风格，契合了互联网时代读者对阅读体验的本质需求，读者大呼过瘾。换言之，这也是《乌合之众：大众心理研究》从一部学术著作脱颖而出，在当今仍占据畅销排行冠军的内在优势。

在写作手法上，勒庞深谙对大众心理的掌控，并将其发挥得淋漓尽致。《乌合之众：大众心理研究》中写道："当群体开始沉眠于妄想中时，就要果断而大胆地对其进行洗脑，以夸大其词、言之凿凿、不断重复的方式来煽动群众的情绪。"勒庞把这一手段成功用在了读者身上，在读者思考勒庞观点之时，不断输送重复的论据和案例，引领读者思考问题的方向，让读者深信不疑，甚至会有"众人皆醉我独醒"的感叹。勒庞高明的写作手法使读者在浑然不觉中已然成为一群"乌合之众"，在某种意义上，更是使这本书走向社会心理学圣坛的主要原因。

《乌合之众：大众心理研究》这本百年畅销著作吸引了一代又一代的读者，这与作者极具吸引力的文本表达是分不开的。需要指出的是，《乌合之众：大众心理研究》自在法国出版以来就因其学术的不规范、案例的极端、对妇女儿童失之偏颇的具有时代局限的论述遭到业界诟病，如今各大出版社都在其版本添加了序言、书评，力求帮助读者客观公正地评价、认识图书内容，理性思考，辩证地取其精华，去其糟粕。

（三）内容的现实意义

1. 对当今社会环境下群体事件的解释力

勒庞在《乌合之众：大众心理研究》所描述的法国大革命后的时代背景中，有着复杂的民众和发达的传媒，与当今互联网时代十分相似。一方面，网络赋能，价值体系越发多元，群体发"声"在一定程度上反映了集体的行为和特点；另一方面，海量的信息往往使个人难以保持理智与思考。

例如，新型冠状病毒肺炎（以下称"新冠肺炎"）疫情暴发以来，人们源于对疫情的恐慌，轻信谣言、狂热冲动、盲目跟风，阴谋论、粮食恐慌等话题遍布网络，网民不经求证，看见信息就复制转发，勒庞在《乌合之众：大众心理研究》将其描述为一种"集体无意识的非理性状态"。他认为："在既定的条件下，一群人表现出一些新的特点，它不同于组成这一群体个人所具备的特点。他们的感情和思想全部都转移到同一个方向，他们自觉的个性消失了，形成了一种集体心理。""群体不善推理，却又急于行动。"也就是说，大众个性消失，随风而动是造成"集体无意识的非理性状态"的主要原因。另外，当社交媒体在互联网的沃土上蓬勃发展之后，网络暴力、人肉搜索等媒介伦理问题层出不穷，在《乌合之众：大众心理研究》中也有对其行为的描述："仅从数量上考虑，形成群体的个人也会感受到一种势不可当的力量，这使他敢于发泄出本能的欲望，而独自一个人时，他们必须对欲望加以限制。他很难约束自己不产生那样的念头：

群体是无名氏，因此不必担责任，这样一来，总是约束着个人的责任感便彻底消失了。"勒庞从个人欲望的角度阐述了为什么会发生群体"暴力"事件，与当今互联网时代所触发的群体事件惊人的吻合。

以上案例来看，显然，勒庞笔下的"乌合之众"对当今社会环境下的群体事件极具解释力，他将群体思维剖析，多重视角下向我们展现了"乌合之众"究竟是如何出现的，为这些不可思议的群体行为提供了理论解释，令人折服。正是在这个意义上，《乌合之众：大众心理研究》能够为每个时代暴发的群体事件做出解释，其内容观点影响至今，才能够在当今出版市场屡屡受到推崇。

2. 出版社着眼读者的理性需求

《乌合之众：大众心理研究》正式在中国开始畅销之路是进入21世纪后，由2000年中央编译出版社出版发行的版本开始的。这个时期是社会的转型期，人民的物质生活得到极大满足，同时在互联网语境下，网民易于受舆论引导。勒庞在《乌合之众：大众心理研究》中高呼"群体的无意识行为代替了个人的有意识行为，群体的时代已经到来"，我们确实进入了勒庞所说的群体时代。

结合勒庞的观点来看，这些群体性事件中，大众多处于一种集体无意识的非理性状态。在这样的背景下，读者需求被激活，期望通过针对群体事件的理性剖析，寻求心理慰藉和自我提升；同时，社会舆论需要被更好地引导，网络的诞生不是为了制造困扰，而是让生活变得更美好，网络环境亟待净化，让各种社交媒体成为一座座沟通大众心理的桥梁。

出版社在选题策划时着眼于社会环境下读者的理性需求心理，契合了时代的文化需求，选择出版《乌合之众：大众心理研究》，不仅包含了对大众情绪的回应，解释了"乌合之众"是如何产生的，更是包含了出版社立足社会需求和效益，引导读者集体的价值判断和内在追求，教导读者如何避免成为一个"乌合之众"。作者勒庞以其敏锐的智慧和深邃远见，使《乌合之众：大众心理研究》所讨论的话题在时代变迁中历久弥新，而出版社立足社会和读者理性需求的策划运作更是其在中国走向畅销的重要一步。

（四）营销策略的多元实践

1. 互联网长尾机制下的营销组合策略

《乌合之众：大众心理研究》作为一部学术著作，一般来说，扮演的角色是出版产业中的长尾部分，而其在中国的畅销现象并非一家出版企业市场化运作的结果，它是由众多出版社多次出版并不断再版所导致，在其畅销过程中，互联网长尾机制下的营销策略扮演着重要角色。

随着互联网发展，网络书店兴起，有效地勾连了与读者的供求关系，促使长尾效应的实现成为可能；而《乌合之众：大众心理研究》作为长尾书的市场份额逐步扩大，又是营销运作的市场前提。长尾理论的提出者，美国《连线》杂志主编安德森提到，运用长尾机制的原则之一是"帮助消费者找到所需产品"。中央编译出版社立足此理论，利用网络书店提供的新渠道和新引导方式，挖掘产品优势，细化产品分类，将《九型人格》《自卑与超越》《梦的解析》《墨菲定律》等同类图书与《乌合之众：大众心理研究》组合形成系列读物，打上大众心理研究经典的标签，再以吸引人的低价折扣组合售卖。

营销组合策略的优势在于：一方面，扩大了单一产品展现渠道，既有助于发现潜在读者，又有助于将大众心理学类图书的受众聚合，形成连锁效应，有效地促进了单本图书的销量；另一方面，捕捉了心理类图书受众的购买习惯，利用读者知识焦虑的心理特点，打出组合拳，将产品的购买价值最大化。中央编译出版社用组合产品的营销策略，使《乌合之众：大众心理研究》这样一本小众学术著作，在互联网长尾机制的推动下，占领了厚重的市场份额。

2. 结合社会热点的功能性营销

出版社在进行畅销书运作时不能盲目追求经济效益，社会责任的承担也是重要一环。当《乌合之众：大众心理研究》这样一本学术著作成为畅销书时，其理论指导的重要性及其社会意义，可作为功能性上的营销利器。一是《乌合之众：大众心理研究》自问世以来便引起了强烈的社会反响，特别在当下互联网语境下，仅微博这样一个网络生态环境，就已经表现出了作者勒庞所提到的群体特征；二是网络新媒体作为流量热点的传播赛道，《乌合之众：大众心理研究》的畅销也因对网络热点中的非理性群体行为所具有的指导意义，自然地与群体热点事件相结合。

例如，编辑在网络宣传语中往往会将图书功能作为一个指导性的认识工具，吸引受众；抑或是"保持独立性和理性的判断""愿你我做一个可爱的不合群者"等强调解决问题的功能。编辑把握时机，将《乌合之众：大众心理研究》的观点与中国当下群体性事件热点相结合，打出"功能牌"，升华了《乌合之众：大众心理研究》的极具现实意义的社会价值，警醒读者保持清醒，理性思考，以敏锐的目光审视问题，解决困境。简言之，出版社通过强调图书的功能性，突出了内容的社会价值，引起读者强烈共鸣，推动了《乌合之众：大众心理研究》不断吸引新的读者人群。

3. 占领细分市场的影响力营销

《乌合之众：大众心理研究》多年来持续位居亚马逊心理自助类、当当网心理类排行榜的前三名，足以证明《乌合之众：大众心理研究》在心理类的图书细分领域的影响力。"影响力经济"是畅销书的本质，出版业的双重属性决定了畅销书出版需要超越注意力经济迈向影响力经济，既是出版经济增长方式的转型，更是出版产品的内在要求。

因《乌合之众：大众心理研究》学术著作类别上的权威性，在营销策略上强调"影响力"必然是学术类图书的有力选择。"影响力营销"相较"功能性营销"更多的是通过引导读者注意力，强调必读性。一是编辑在营销宣传上以"大众心理学领域的开山之作，集体行为研究者的经典读本"这样的标语凸显图书研究领域权威性；二是在其他领域受到《乌合之众：大众心理研究》观点影响或延伸发展的案例的潜在助力，如网红餐饮企业喜茶的爆红、以饥饿营销打开市场的小米手机等商业类案例，广告公关技巧等延伸应用场景，也都从另一方面展现了其广泛的市场影响力。足以看出，一本经过百年历史岁月的畅销书，其影响力随着时代发展不曾减弱。

四、精彩阅读

自觉的个性的消失，以及感情和思想转向一个不同的方向，是就要变成组织化群体的人所表现出的首要特征，但这不一定总是需要一些个人同时出现在一个地点。有时，在某种狂暴的感情——譬如国家大事——的影响下，成千上万孤立的个人也会获得一个心理群体的特征。在这种情况下，一个偶然事件就足以使他们闻风而动聚集在一起，从而立刻获得群体行为特有的属性。有时，五六个人就能构成一个心理群体，而数千人偶然聚集在一起却不会发生这种现象。另外，虽然不可能看到整个民族聚在一起，但在某些影响的作用下，它也会变成一个群体。

一个心理群体表现出来的最惊人的特点如下：构成这个群体的个人不管是谁，他们的生活方式、职业、性格或者智力不管相同还是不同，他们变成了一个群体这个事实，便使他们获得了一种集体心理，这使他们的感情、思想和行为变得与他们单独一人时的感情、思想和行为颇为不同。若不是形成了一个群体，有些年头或感情在个人身上根本就不会产生，或不可能变成行动。心理群体是一个由异质成分组成的暂时现象，当他们结合在一起时，就像因为结合成一种新的存在而构成一个生命体的细胞一样，会表现出一些特点，它们与单个细胞所具有的特点大不相同。

进一步说，单单是他变成一个有机群体的成员这个事实，就能使他在文明的阶梯上倒退好几步。孤立的他可能是个有教养的人，但在群体中他却变成了野蛮的人——即一个行为受本能支配的动物。他表现得身不由己，残暴而狂热，也表现出原始人的热情和英雄主义，和原始人更为相似的是，他甘心让自己被各种言辞和形象打动，而组成群体的人在孤立存在时，这些言辞和形象根本不会产生任何影响。他会情不自禁地做出同他最显而易见的利益和最熟悉的习惯截然相反的举动。一个群体中的个人，不过是众多沙粒中的一颗，可以被风吹到无论什么地方。

——节选自《乌合之众：大众心理研究》第一章，第 7-11 页我们在研究群体的基本特点时曾说，它几乎完全受着无意识动机的支配。它的行为主要不是受大脑，而是受脊椎神经的影响。在这个方面，群体与原始人非常相似。就表现而言，他们的行动可以十分完美，然而，这些行为并不受大脑的支配，个人是按照他所受到的刺激因素决定自己的行动。所有刺激因素都对群体有控制作用，并且它的反应会不停地发生变化。群体是刺激因素的奴隶。孤立的个人就像群体中的个人一样，也会受刺激因素的影响，但是他的大脑会向他表明，受冲动的摆布是不足取的，因此他会约束自己不受摆布。这个道理可以用心理学语言表述如下：孤立的个人具有主宰自己的反应行为的能力，群体则缺乏这种能力。

根据让群体产生兴奋的原因，它们所服从的各种冲动可以是豪爽的或残忍的、勇猛的或懦弱的，但是这种种冲动总是极为强烈，因此个人利益，甚至是保存生命的利益，也难以控制它们。刺激群体的因素多种多样，群体总是屈从于这些刺激，因此群体也极为多变。这解释了我们为什么会看到，群体可以转瞬之间就从最血腥的狂热变成最极端的宽宏大量和英雄主义。群体很容易做出刽子手的举动，同样也很容易慷慨赴义。正式群体，为每一种信仰的胜利不惜血流成河。若想了解群体在这方面能做出什么事情，不必回顾英雄主义时代。它们在起义中从不吝惜自己的生命，就在不久以前，一位突然名声大噪的将军，可以轻而易举地找到上万人，只要他一声令下，他们就会为他的事业牺牲性命。

因此，群体根本不会作任何预先策划。他们可以先后被最矛盾的情感所激发，但是他们又总是受当前刺激因素的影响。他们就像被风卷起的树叶，向着每个方向飞舞，然后又落在地上。下面我们研究革命群体时，会举出一些他们感情多变的事例。

群体的这种易变性使它们难以统治，当公共权力落到它们手里时尤其如此。一旦日常生活中各种必要的事情不再对生活构成看不见的约束，民主便几乎不可能持续很久了。此外，群体虽然有着各种狂乱的愿望，它们却不能持久。群体没有能力作任何长远的打算或者思考。

群体不仅冲动而多变。就像野蛮人一样，它不准备承认，在自己的愿望和这种愿望的实现之间会出现任何障碍，它没有能力理解这种中间障碍，因为数量上的强大使它感到自己势不可挡。对于群体中的个人来说，不可能的概念消失了。孤立的个人很清楚，在孤身一人时，他不能焚烧宫殿或洗劫商店，即使受到这样做的诱惑，他也很容易抵制这种诱惑。但是在成为群体的一员时，他就会意识到人数赋予他的力量，这足以让他生出杀人劫掠的念头，并且会立刻屈从于这种诱惑。出乎预料的障碍会被狂暴地摧毁。人类的肌体的确能够产生大量狂热的激情，因此可以说，愿望受阻的群体所形成的正常状态，也就是这种激愤状态。

正如所有处在暗示影响下的个人所示，进入大脑的念头很容易变成行动。无论这种行动是纵火焚烧宫殿还是自我牺牲，群体都会在所不辞。一切都取决于刺激因素的性质，而不再像孤立的个人那样，取决于收到暗示的行动与全部理由之间的关系，后者可能与采取这种行为极为对立。

于是，群体永远漫游在无意识的领地，会随时听命于一切暗示，表现出对理性的影响无动于衷的生物所特有的激情，它们失去了一切批判能力，除了极端轻信外再无别的可能。在群体中间，不可能的事不可能存在，想要对那种编造和传播子虚乌有的神话和故事的能力有所理解，必须牢牢地记住这一点。

群体变现出来的情感不管是好是坏，其突出的特点就是极为简单而夸张。在这方面，就像许多其他方面一样，群体中的个人似于原始人。因为不能做出细致的区分，他把事情视为一个整体，看不到它们中间过渡状态。群体情绪的夸张也受到另一个事实的强化，即不管什么感情，一旦它表现出来，通过暗示和传染过程而非常迅速地传播，它所明确赞扬的目标就会力量大增。

群体情绪的简单和夸张所造成的结果是，它全然不知怀疑和不确定性为何物。它就像女人一样，一下子便会陷入极端。怀疑一说出口，立刻就会成为不容辩驳的证据。心生厌恶或有反对意见，如果是发生在孤立的个人身上，不会有什么力量，若是群体中个人，却能立刻变成勃然大怒。

群体感情的狂暴，尤其是在异质的群体中间，又会因责任感的彻底消失而强化。意识到肯定不会受到惩罚——而且人数越多，这一点就越是肯定——以及因为人多势众而一时产生的力量感，会使群体表现出一些孤立的个人不可能有的情绪和行动。在群体中间，傻瓜、低能儿和心怀妒忌的人，摆脱了自己卑微无能的感觉，会感觉到一种残忍、短暂但又巨大的力量。

——节选自《乌合之众：大众心理研究》第二章，第 14~24 页

五、参考文献

[1] 冯小艳.从《乌合之众》中译本看群众心理学的早期译介与传播[J].智库时代，2020（6）：192-193.

[2] 杨石华.在长尾中畅销的《乌合之众》：基于供求关系的分析[J].出版科学，2018，26（6）：68-74.

[3] 练小川.幂律、长尾理论和图书出版[J].陕西师范大学学报（哲学社会科学版），2007（3）：110-116.

[4] 杨军.畅销书出版：跨越"注意力经济"，迈向"影响力经济"[J].中国图书评论，2008（9）：84-88.

《你当像鸟飞往你的山》

张艺漾

一、图书基本信息

（一）图书介绍

书名：《你当像鸟飞往你的山》
作者：［美］塔拉·韦斯特弗
译者：任爱红
开本：32开
字数：270千字
定价：59元
书号：978-7-5442-7698-6
出版社：南海出版公司
出品方：新经典文化
出版时间：2019年11月

（二）作者简介

　　塔拉·韦斯特弗（Tara Westover），美国作家、历史学家。1986年生于美国的一个小山区，17岁前从未上过学，通过自学考取杨百翰大学，2008年获文学学士学位，2009年获剑桥大学哲学硕士学位，2010年获得奖学金赴哈佛大学访学，2014年获剑桥大学历史学博士学位，2018年出版处女作《你当像鸟飞往你的山》。写作这本书的时候,她只有一个头衔:剑桥大学博士,2019年因此书被《时代周刊》评为"年度影响力人物",她将自己的成长和求学经历汇成这一部独一无二的回忆录。

二、畅销盛况

一部新人处女作,上市第一周就登上了《纽约时报》畅销榜,至今已累计80周,仍高居榜首,全美销量破百万册,作者因此书被《时代周刊》评为"年度影响力人物"。这本书在美国出版后引起了不小的轰动,并牢牢占据《纽约时报》畅销榜数十周。这本书成为比尔·盖茨年度荐书第一名,Good Reads读者票选超越米歇尔的《成为》,获年度最佳图书,全美销量破百万册,获得美国亚马逊年度编辑选书第一名、《洛杉矶时报》最佳传记奖、《纽约时报》《华尔街日报》《波士顿环球报》畅销书排行第一,全球37种语言译本,读者口口相传,甚至中文版尚未出版,英文原版就已在豆瓣网站拥有9.0的高分。

2020年3月,该书中文版在当当电子书Top20阅读排行榜上位居第一;4月,京东图书销售榜非虚构类排名第二;5月,奥示数据全国图书销量综合总榜第五、文学类第一。截至目前,这本书的发行量已经超过140万册,在豆瓣网上有近6万条点评,评分8.9分。上市100天的时候,就突破了百万发行量,在新经典的出版历史上,这是发行量最快突破百万册的一本书。

三、畅销攻略

在日渐激烈的市场竞争中,一本书能否畅销,自然由很多因素决定,主题、内容、出版商的营销策划水平,这三点基本就可以初步判断一本书是否具备畅销能力及其能力的大小。对于出版业而言,"内容为王"是一个永恒的守则,没有坚实、出色的内容做基础,后期再多的增色都将于事无补,任何一本畅销书的成功往往涉及各方面因素。探究《你当像鸟飞往你的山》这本书的畅销攻略,笔者将从以下几个方面展开。

（一）文本自身的魅力

1. 精准选题

畅销书一般是以社会和大众心理走向作为自己的生存原则，要求出版者要对读者心理有高度的敏感度和洞察力。在当今社会，独生子女越来越多，家庭教育愈发受到关注，全社会都在大力倡导素质教育，教育意味着获得不同的视角，理解不同的人、经历和历史，接受教育。教育应该是思想的拓展，同理心的深化，视野的开阔，不应该使你的偏见变得更顽固。如果人们受过教育，他们应该对差异满怀激情，热爱那些不同于他们的想法，我们需要做的就是顺势做出选择，像书中主人公一样，不断地与自我作斗争。

《你当像鸟飞往你的山》有两层含义：第一层是逃离，第二层是追寻。逃离的是养育她塑造她同时又困住她的原生家庭，因为这个原生家庭带给她的是糟糕的生活环境，偏执扭曲的家庭教育。尽管她对这里仍然有感情，但是她最终还是选择逃离，因为这里虽然养育了她，也束缚住了她。而追寻则是指摆脱原生家庭对她的影响，培养独立的人格，重新塑造自己，寻找新的信仰。"我能在风中站稳，是因为我不是努力尝试站在风中，风就是风，人能受得了地面上的阵阵狂风，所以也能禁得住高空的风，它们没有区别，不同的是头脑中怎么想。"塔拉说的这句话便是她不停向上的真实写照。这本书的主题不仅有原生家庭教育的影响，还有"打破原生家庭的魔咒，塑造全新的自我""父母的爱应该是让孩子独立成长""真正的摆渡人，永远是自己""成为你本来的样子"。这本书适合任何年龄段的人阅读，适合父母阅读，也适合青少年阅读，相信读者会在塔拉具有悲剧色彩的成长历程中打开另一个世界，听到自己心底的声音，打破自身局限，勇敢地做自己。

2. 高质量内容

图书的质量决定着该书在市场上能否以及在多大程度上实现其价值，以高质量文化供给增强人们的文化获得感和幸福感。高质量的内容能增长人们的学识，在学习和工作方面给人们提供大量的帮助，能美化和充实人的生活，给人带来愉悦和满足；高质量内容能在历史永存，不会随着时间消亡；高质量内容能体现出精神产品的丰富属性，能获得社会层面与经济层面的"双效益"。

该书用平淡的笔触真实地回顾了塔拉的悲惨童年，垃圾场的废铜烂铁，没有读书声，父亲顽固的意志控制，直到她逃离大山，用教育打开另一个新世界，最终迎来重生。教育让塔拉一步一步重塑自己的人生，更令她鼓起勇气去打开生命的无限可能，最终在教育和反思中解放了自己的心灵，在痛苦中获得了一个全新自我的过程。笔者刚看到这本书的时候，书名读起来有一点拗口，当笔者读完这本书，也真正明白了书名的意义。这不是一个励志故事，而更像一场心灵的自我救赎，它代表了作者的一种教育观点：她接受了原生家庭，接受了不确定，满怀激情地拥抱了一种全新的生活，没有人的生活是一帆风顺的，像作者塔拉一样，逃离禁锢自己的大山，像飞鸟一样寻求自己真正信仰的山林，与过去的自己和解，做全新的自己。之后他的哥哥泰勒说服她通过教育救赎自己的人生。泰勒对她说："对你来说，这是最糟糕的地方，去我的地方吧，去上大学。"摆脱无知的道路并不容易，凭借毅力和信念，塔拉不仅从不及格生成为全优生，还获得了去剑桥大学交换的机会，继而在那里攻读硕士，又成为哈佛大学访学者，最后获得了剑桥大学博士学位。

书的前半部分，主要是回忆作者年少时候的经历。虽然有些苦涩，有些危险，有些无奈，但总体来说，那是塔拉的童年时光，即使再苦再难，如果身在其中，也并不觉得无法忍受，或者说并不认为那是一种苦难。因为当时的大家都这样，整体大环境都是类似的，思想剧烈变动的分水岭，就是在有了一定的认知、接触不同的环境、受过更高等的教育、思考过更多的问题之后，回味曾经那一段经历，心理上产生了痛苦。说实话，这本书的下半部分，不是很好懂，如果没有类似的经历或者接触过有过类似经验的人，如果不是个对心理学有一定兴趣的人，甚至会觉得这部分内容很枯燥。全书读完之后，有这样几个问题值得深思：原生家庭的教育对孩子未来的影响是巨大的，一个和睦的家庭关系，是孩子健康成长的避风港，启蒙时期的教育会决定孩子很长时期的一段人生观和价值观。学习，不只是事业和生存的必要条件，也是心理救赎的必经之路，如果没有广博的见识，思维上升不到一定高度，思想就会显得狭隘。活着，有千万种方式，可以痛苦，也可以快乐，身边的人在影响着你，但对你影响最大的，还是你自己。希望，此生不虚度。

3. 独特的语言风格

《你当像鸟飞往你的山》，一个无名女孩的回忆录，可以博得如此多的关注，成为年度之书，这一切要归功于这本书叙事语言的亲切性和通俗性，这使它的普及性得到了真正地实现，真正触动我们的恰恰是平凡却又复杂的真实。我们一直在寻找像作者这样非凡的勇气，不妥协、不放弃爱，无论在怎样的境遇中，都执着坚定地做自己，作者在叙述的过程中采用全景化的描写方式，对当时的社会及自己所处的环境进行了真实、全面的描写，对不同角色的习惯、思想、行为、语言的描写，占据了较大的篇幅，将这些人的心理展现得淋漓尽致。

（二）外部装帧设计

没有高水平的编辑，出畅销书也是不可能的。出自高手的上乘之作，总能在书的内容之外给人以诸多美的享受，所以图书更强调以质取胜，书籍装帧也非常关键，尤其在书名、封面、版式等方面要多花心思，要有更大的灵活性。书籍的外在形象不但影响到读者对书籍的关注程度，还会影响到批发商、经销商对图书的预期和信心，甚至会影响到书籍在货架上摆放的位置。封面是给人的"第一印象"，对人的购买欲望有很大的影响。不管是文字、图形的使用，还是色彩基调的确定，都应在视觉艺术效果中表现图书的性质和主题，体现独特的风格。在图书市场竞争日益激烈的形势下，一本书的畅销，除内容和其他营销策划活动之外，装帧设计同样也是不可或缺的因素。

《你当像鸟飞往你的山》这本书充分体现了书籍装帧整体设计原则中的整体性原则，在整体设计上坚持理性与感性的两全其美。书籍表现形式与内容高度统一，封面图案以一支铅笔勾勒出大山的轮廓，一个女孩站在一座山头，眺望远方的崇山峻岭，一群飞鸟向着远方的山林飞去。作者正是逃离了故乡的山峰，像飞鸟一样去寻求教育，找到自己真正信仰的山林，这种情境与封面不谋而合，对读者起到了一个心理暗示和引导的作用，成功地把营销元素包含在内，"铅笔形"图案突出视觉重心，吸引读者的视线，这样的设计能使读者第一时间注意到这本书想要展示的核心内容和书籍主题：背景以象牙白为主色调，铅笔的颜色则选用红色和黄色这种有强烈视觉冲击感的颜色，吸引读者眼球。

值得注意的是，这本书在制作工艺上也追求精益求精，封面采用的是300克铜版纸，内文用的是70克轻涂纸。腰封的设计也是别出心裁，采用红白腰封，红色的大山部分与封面很好地衔接，二者视觉效果和谐统一，并随书附赠封面图案"铅笔形"书签。在书脊版式设计时，在最上方也体现了"铅笔形"图案，优化编排书名、作者及出版社等信息，通过不同形式的排列组合方式呈现出不同的视觉效果，突出书籍设计的艺术性、观赏性和个性，不论是视觉效果还是深刻寓意，都是同类书无法比拟的。而书名更是图书最耀眼的广告语，浓缩了图书的一切精华。"你当像鸟飞往你的山"这句话排到封面上，与英文名的轮廓完美契合，与插画主图交相呼应。塔拉的故事始于描写故乡的山峰，全书的最后一个字，也落在"山"上，形成了很好的呼应。

（三）内文版式设计

版式设计是书籍装帧的重要环节，版式设计的优劣将直接影响书籍最终的视觉效果，也会对书籍信息传递产生影响，好的版式设计可以使书籍具备美丽的外壳，有利于书籍知识的传递。当读者打开书籍时，首先映入眼帘的就是版式设计，内文内容是书籍内容的核心。《你当像鸟飞往你的山》这本书对字体、字号及字距等内文版式细节的设计也是恰到好处,天头和地脚比例合适,四周留有较多空白,恰当的空白能给读者留有想象的余地,促进读者思维的发散。版面干净简洁,方便读者在阅读时做读书笔记。书籍的功能是传递内容,而内容又靠文字来表达,这本书以文字信息呈现为主,字体采用宋体,阅读效果好,视觉上做到一目了然,整本书的内文版式设计简洁大方,疏密有致,章节衔接得张弛有度,使读者赏心悦目,给读者带来了舒适的阅读体验。

(四)名人效应

比尔·盖茨说:"一个惊人的故事,真正鼓舞人心,我在阅读她极端的童年故事时,也开始反思起自己的生活,《你当像鸟飞往你的山》每个人都会喜欢,它甚至比你听说的还要好。"

新东方教育科技集团董事长俞敏洪评价道:"这本书的内容要远远多于教育的意义,也远远超出成长的意义。看完塔拉的故事,我认真回顾了我至今为止所走过的人生道路,我们每个人其实都有两个自我,一个是过去的自我,一个是未来的自我。"走向未来的自我,必然需要对过去的自我进行否定和批判,这一批判并不仅局限于自身,还必然涉及和你密切相关的人物、环境和信仰,因此从过去蜕变将会变成一段洗心革面的痛苦历程。在这个过程中,塔拉精神是如此痛苦,以至于多少次都差点放弃,甚至得了夜游症和精神恍惚,与艰苦前行的精神重塑相比,回到原来的浑浑噩噩似乎要更加容易。就像书中讲的一个故事:塔拉一家曾救助过一只野生的大角猫头鹰,这个受伤的野性生灵发现自己被囚禁,险些将自己拍打致死,于是他们只好将它放生。塔拉的父亲说,它和大山在一起比和我们在一起更好,它不属于这里,也不能教它属于这里。

(五)出版社品牌效应

新经典文化有限公司(以下称"新经典")作为民营书业的代表之一,在出版行业已有良好的声誉,其大众图书品牌可谓是享誉全国。公司善于挖掘优质的可以反复阅读的书,从《百年孤独》《窗边的小豆豆》到《嫌疑人 x 的献身》，再到《人生海海》《你当像鸟飞往你的山》，再到 2020 年一季度新推出的《沉默的巡游》，公司持续的作品产出不断在验证其挖掘优质内容的能力，并善于将作品从畅销打造为长销。

（六）宣传营销手段

现在出版业有一个词叫"做书"，不叫"出书"。一本好书想要成为畅销书，必须实施多方面的宣传营销，分阶段地采取多种方式做宣传，积极利用书市、订货会、报刊媒体、签售、网上论坛，以及社会知名人士进行推广，形成上述诸多方面的互动。此外，畅销书的宣传推广时间也必须要精心设计，把握最佳时机，善于"借势"和"借力"，以期在最短时间内形成轰动效应。

1. 前期准备阶段

《你当像鸟飞往你的山》这本书的英文原名为 *Educated*，2018 年 2 月在美国正式出版，而早在当年 1 月，一家长期合作的国外版权机构就将其推荐给了新经典。新经典的策划编辑也一直在"豆瓣"等网站上默默关注着读者们的反馈，版权机构在推荐此书的时候很谨慎，说这本书受到美国许多书评人的赞赏，据此判断该书在美国上市后会引起一定的轰动，这是因为作者塔拉的家庭背景与她成功的反差足以让许多人想要翻开此书一看究竟，一部新人处女作，并且在美国上市第一周就有如此高的销量。中文版是由山东师范大学教师任爱红翻译的，受到读者认可，所以这本书的中文版是引人期待的。

2. 实际销售阶段

《你当像鸟飞往你的山》这本书采用的是线上线下营销联动、多平台授权销售的销售方式。线上分销渠道集中于信誉度高、知名度高的电商平台和其他的自媒体分销渠道，其选择了当当网、京东等知名电商平台销售该书，主播在直播间分享这本书的阅读体验，感兴趣的买家可以领取这本书的专属优惠券进行购买；线下销售渠道主要是新华书店、西西弗书店等具有全国影响力的书店，配合举办相关的阅读体验活动，如好书分享会，能增强图书的影响力，辐射更多的消费群体，有利于提高图书销量。消费者不仅能在线上购物平台购买该书，还能在与出版社合作的特色实体书店里购买该书。

在微博上，"杭州图书馆""读书日签"等知名大V发起"转发赠书"超话，吸引感兴趣的读者"转发+评论"并有幸获赠本书。"你当像鸟飞往你的山"微博超话阅读量破千万，并且热度长时期不减。同样，微信公众号"读书日签""悦读读书"等也纷纷推荐本书经典内容的节选及读后的感悟，到处都有网友的讨论和留言。这本书以图书作者、读者的个人行为和观点为基础，借助形式多样的微博和微信公众号文章展示写作感悟、读书心得，这不仅可以推动读者、作者和出版社之间深度交流，更可以为图书产品发现更多潜在需求。除此之外，很多读者用微信朋友圈分享这本书的读书笔记，在具有同样爱好的朋友圈中传播该图书内容，这种通过密集投放优质书评的行为也达到了好宣传此书的效果。

（七）社会需求

心理学家阿德勒说："幸福的人一生被童年治愈，不幸的人一生都在治愈童年。如果一个人出生在不好的家庭里，那么给他带来的伤害是一生都难以弥合的。"的确，原生家庭对一个人的成长起着至关重要的作用，原生家庭对一个人的影响会体现在心理、性格等众多方面，而这种负面的影响给一个人带来的伤痕可能需要用一辈子的时间去修复。因此，作为父母一定要正视自身，不断修身，给孩子创造一种好的家庭文化，营造一种好的家庭氛围，正所谓"种瓜得瓜，种豆得豆"，家庭教育是给孩子打基础的教育，父母的为人处世、言行举止都将直接影响孩子的成长，所以一个人的性格与其幼年所受到的家庭教育有着紧密的关系。"做人第一，学习第二。"通俗地说，就是要"先成人，后成才。"学校在大部分时间里教给孩子的往往是知识，性格的养成则直接关系到孩子的一生。每位家长都应担负起教育子女的责任，重视孩子良好性格的培养，因为孩子大部分时间生活在家庭中，同父母亲人朝夕相处，所以家庭环境、家庭教育的方式、家长的自身修养将对孩子的品质起到潜移默化的作用。每位家长都应该为孩子创造良好的家庭环境和采取良好的家庭教育方式，促进孩子良好性格的形成与发展。采取正确的教育态度，会使孩子具有独立性和坚强的毅力等优良的性格品质；而粗暴、溺爱等不正确的教育态度，会使孩子们表现为任性、以自我为中心；等等。由此，需要每位家长根据性格可塑性的特征，结合孩子们各个不同年龄阶段生理和心理发展特点，采取严要适度，爱而不溺，循循善诱，因势利导等正确的教育方式，引导孩子逐步形成良好的性格。

教育使你即使生活在阴沟里，也依然可以仰望星空。还记得比尔·盖茨说过："你可以爱一个人，但仍然选择和他说再见；你可以每天都想念一个人，但仍然庆幸他已不在你的生命中。"真正的爱，从来不是控制，不是改变，而是"交还给你所爱的人自我选择的权利"。希望这本书能给有类似经历的人一点力量，在绝望之中，在书里能握住一只有力的手。真心地呼吁所有父母对孩子多一点关怀，多一点宽容，多一点心灵的沟通，让孩子在性格上健康友爱，永葆一份纯真。

四、精彩阅读

序

爸爸担心政府会强制我们去上学，但并没有，因为政府压根儿不知道我们的存在。我们家有七个孩子，其中四个没有出生证明。我们没有医疗记录，因为我们都是在家里出生的，从未去医院看过医生或护士。我们没有入学记录，因为我们从未踏进教室一步。我九岁时才会有一张延期出生证明，但在这一刻，对爱达荷州和联邦政府而言，我不存在。

我被山间的节律养育，在这节律中没有根本性的变化，只有周而复始的转变。太阳每天清晨照常升起，扫过山谷，最后坠入山峰后面。冬天落下的雪总是在春天融化。我们的生活在轮回——四季轮回，昼夜轮回——在永恒的变换中轮回，每完成一次轮回，就意味着一切未有任何改变。我曾相信我们一家是这不朽模式中的一部分，相信从某种意义上来说，我们会永生。但永生只属于大山。

父亲曾经讲过一个关于那座山峰的故事。她古老而庄严，是一座山的大教堂。连绵的山脉中，巴克峰不是最高、最壮观的山峰，却最为精巧。它的底部横亘逾一英里，黑暗的形体从地面隆起，上升，伸入一个完美无瑕的尖顶。从远处，你可以看到一个女人的身形在山体正面显现：巨大的峡谷构成她的双腿，北部山脊扇形散布的松林是她的秀发。她的姿态威风凛凛，一条腿强有力地伸向前方，比起迈步，用阔步形容更准确。

——节选自《你当像鸟飞往你的山》第2~3页

第一部分

他们每天都为废料场的凌乱而争吵，但更多是为我们这些孩子而争吵。奶奶认为我们应该上学，而不是——用她的话说——"像野人一样在山上游荡"。爸爸说公立学校是政府引导孩子远离上帝的阴谋。"我把孩子们送到下面那所学校，"他说，"和把他们交给魔鬼有什么两样。"

我早该知道有一天泰勒会离开。托尼和肖恩走了，他们属于这座山，而泰勒从不属于这里。泰勒一直喜欢父亲所说的"书本知识"，而除理查德外，我们其他人对此毫不关心。泰勒一整年都在上学。他学了代数，代数之于他的大脑就如空气之于他的肺一样自然。他用全部积蓄买了一本旧三角学课本，继续自学。他想接着学微积分，但又没钱再买另一本书了，于是他就到学校去找数学老师要一本。老师当面嘲笑他说："自学微积分，这是不可能的事。"泰勒不为所动："给我一本书吧，我想我能自学。"

爸爸要是看见我在看书，就会试图把我拽走。也许他想起了泰勒。也许他认为如果能再让我分心几年，危险就会过去。所以不管有无必要，他千方百计给我找活儿干。一天下午，他又逮住我在看数学书，就让我和他抬水穿过田野，去浇他的果树，整整一小时里抬了一桶又一桶。这原本也没什么反常的，但当天正在下暴雨。

回首往事，我发现这就是我的教育，将产生重要影响的教育：我学着弃我而去的那个哥哥的样子，在借来的书桌前枯坐，努力而仔细地研读一条条摩门教教义。我在学习的这个技能至关重要，那就是对不懂的东西耐心阅读。

"也许吧，"泰勒说，"但只要你住在爸爸的屋檐下，他不允许，你就很难离开，很容易一年年拖下去，这辈子就去不成了。如果从高二开始，你还能毕业吗？"

我们都知道我做不到。

"是时候离开了，塔拉，"泰勒说，"你待得越久，离开的可能性就越小。"

泰勒没有眨眼，也没有犹豫。"我觉得对你来说，这儿是最糟糕的地方。"他声音很轻，但他说这些话的感觉像是喊出来的。

"杨百翰大学接收家庭教育的孩子。"他说。

"我们是吗？"我说，"家庭教育的孩子？"我试着回忆最后一次看课本是什么时候。

"招生委员会除了我们告诉他们的，什么都不会知道，"泰勒说，"如果我们说你在家上学，他们会相信的。"

"我不会被录取的。"

"你会的，"他说，"只要通过ACT，一个很烂的考试。"

泰勒起身要走。"外面有一个世界，塔拉，"他说，"一旦爸爸不再在你耳边灌输他的观点，世界就会看起来大不一样。"

一周后我向杨百翰大学提出了申请。我不知道如何填写申请表，所以泰勒帮我填了。他写道，我严格按照母亲设计的课程安排接受教育，她已确保我达到高中毕业的所有要求。

招生委员会效率很高，没有让我等太久。来信装在一个普通信封里。看到信时，我心里一沉。拒绝信都很小，我心想。打开信封，我看到"恭喜"一词。我被录取了。新学期从一月五日开始。

——节选自《你当像鸟飞往你的山》第9~175页

第二部分

别的学生问我来自哪里时，我答道："我来自爱达荷州。"尽管多年来我曾多次重复这句话，但说出它从未让我感到坦然自在。当你是一个地方的一部分，在它的土壤上成长的时候，没有必要说出你来自哪里。我从未说过"我来自爱达荷州"，直到我离开了那里。

盖茨奖学金的面试是在安纳波利斯的圣约翰学院进行的。校园令人生畏，有完美无瑕的草坪和干净利落的殖民时期风格建筑。我紧张地坐在走廊里，等候被叫去面试；我身着套装，抓着罗宾的手提包，感到笨手笨脚，浑身僵硬。但最终，我几乎没有什么可做的，因为斯坦伯格教授已为我写了一封有力的推荐信。

第二天我就收到了确认函：我获得了奖学金。电话开始响个不停，是杨百翰大学校报和本地新闻媒体打来的。我接受了六次采访，上了电视。一天早上醒来，我发现我的照片登上了杨百翰大学主页。我是杨百翰大学第三位获得盖茨奖学金的学生，学校充分利用媒体大肆宣传。我被问及高中经历，以及哪位小学老师对我的成功影响最大。我闪烁其词，逃避话题，必要时还撒谎。我没有告诉任何一个记者，我从没上过学。

我不知道自己为什么没有告诉他们。我只是无法忍受别人拍着我的背，对我说我多么令人印象深刻。我不想成为霍雷肖·阿尔杰那样热泪盈眶的美国梦的化身。我希望过有意义的生活，而在我看来，交代那些没有任何意义。

毕业前一个月，我回到巴克峰。爸爸已经看了关于我获得奖学金的报道，他说："你没有提到在家上学。我和你母亲知道学校的德行，没有送你上学，我本以为你会为此更加感激。你应该告诉大家，这都归功于在家上学。"

——节选自《你当像鸟飞往你的山》第 241~292 页

第三部分

我告诉他们，我曾经贫穷而无知。当我告诉他们这些时，我丝毫不感到羞耻。那时我才明白羞耻感的来源：不是因为我不曾在铺着大理石的音乐学院学习，也不是因为我没有当外交官的父亲；不是因为父亲是半个疯子，也不是因为母亲跟着他亦步亦趋。我的羞耻感源自我有一个将我朝吱嘎作响的大剪刀刀刃推去，而不是将我拉走远离它们的父亲；我的羞耻感源自我躺在地上的那些时刻，源自知道母亲就在隔壁房间闭目塞听，那一刻完全没有选择去尽一个母亲的责任。

我为自己创造了一段新历史。我成了晚餐上备受欢迎的客人，讲述着各种趣闻逸事：打猎骑马、拆解废料、扑灭山火。我说起自己才华横溢的母亲——助产士和企业家，又谈及性情古怪的父亲——废品商和狂热分子。我想我终于可以坦然地面对过去的生活了。那并不完全是事实，但从更广泛的意义上讲，的确如此：未来真的会更好。现在一切都已变得更好。现在母亲也已找到了她的力量。

过去是一个幽灵，虚无缥缈，没什么影响力。只有未来才有分量。我收到了另一封信：我获得了哈佛大学访学奖学金。从没有哪个消息像这样让我漠不关心。我知道，作为一个从垃圾堆里爬出来的无知女孩，竟被允许去那样的地方读书，我应该感激涕零才是，但我丝毫提不起热情。我已开始思考教育让我付出的代价，开始对它心生怨恨。

平静来之不易。我花了两年时间列举父亲的缺点，不断地更新记录，仿佛将对他所有的怨恨、所有真实发生过的和想象出来的残忍与忽视一一列举出来，就能为我把他从生活中剔除的决定辩护。我以为，一旦证明我的做法是正确的，我就会从那压抑的负罪感中解脱，松一口气。

当我彻底接受了自己的决定，不再为旧冤耿耿于怀，不再将他的罪过与我的罪过权衡比较时，我终于摆脱了负罪感。我完全不再为父亲考虑。我学会为了我自己而接受自己的决定，为了自己，而不是为了他。因为我需要如此，而不是他罪有应得。

——节选自《你当像鸟飞往你的山》第 317~378 页

五、参考文献

[1] 张文红. 畅销书理论与实践 [M]. 北京：中国传媒大学出版社. 2011.
[2] 塔拉·韦斯特弗. 你当像鸟飞往你的山 [M]. 任爱红译. 海口：南海出

版公司，2019.

[3] 徐烨.浅析书籍装帧中的自由版式设计[J].美术教育研究，2017（15）：90.

[4] 张旭.新媒体环境下图书市场的推广策略探析[J].视听，2017（10）.

[5] 刘冬.自媒体环境下出版单位新媒体营销[J].传媒论坛，2018（8）：108-109.

《皮囊》

霍迎利

一、图书信息

(一)图书基本信息

书名:《皮囊》
作者:蔡崇达
开本:32 开
字数:146 千字
定价:39.80 元
书号:978-7-2010-8894-5
出版社:天津人民出版社
出版时间:2014 年 12 月

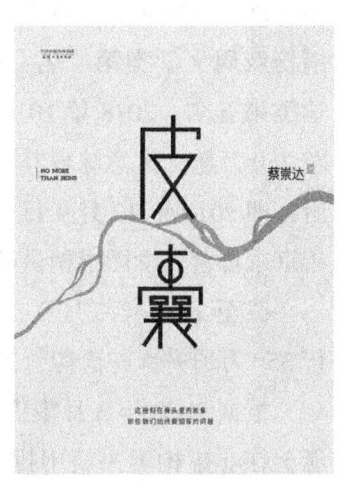

(二)作者简介

《皮囊》作者蔡崇达,福建人,作家、媒体人、创业家,"南方国际文学周"联合发起人,《中国新闻周刊》前执行主编。曾任职于《新周刊》《三联生活周刊》,24 岁担任《生活》月刊《周末画报》新闻版主编,27 岁任《GQ》中国版报道总监,为全球 17 个国家版本的《GQ》最年轻的报道总监。2013 年创办男装品牌"单农",2016 年创办 MAGMOOE 名堂。其在新闻特稿写作方面有独到贡献,作品多次获得《南方周末》年度致敬及亚洲出版协会特别报道大奖。

二、畅销盛况

《皮囊》自 2014 年 12 月上市后，受到不少读者的热捧，首印 3 万册，很快就销售一空，当当网、京东以及众多书店卖断货，开新书发布会的时候甚至出现了无书可卖的尴尬境地。其虽在 2014 年年底出版，但也凭借优质内容获得了新浪中国好书榜"2014 年度新锐奖"。

该书面世 50 天之内加印 5 次，上市两个月，销量超过 20 万册，面市半年，销量高达 50 万册。2016 年 12 月 9 日，面世两年的时间，其累计销量突破 150 万册。在当当网 2016 年文学畅销榜上位居第二名。2017 年 10 月 9 日，上市 34 个月，累计 50 次印刷，销量突破 200 万册。且在 2017 年 9 月，该书繁体版在台湾地区一经面世，出版三周，就跃居诚品图书畅销榜双周文学类第二名，博客来（台湾地区最大的网上书店）畅销榜文学类第五名。2018 年 10 月 9 日，上市 46 个月，累计 58 次印刷，销量突破 250 万册，这意味着其在一年内仍拥有高达 50 多万册的销售量。2 个月后，即 2018 年 12 月 9 日，其面世 4 年，销量累计突破 280 万册，在 2018 年京东自营文学图书销量榜及 2018 年当当文学畅销榜皆为第四名。

截至 2019 年 3 月 9 日，其累计销售量突破 300 万。2019 年 6 月，发行 350 万册升级纪念版。2020 年 4 月，其累计销售量超过 400 万册。

根据 2020 年 3 月零售渠道畅销书排行榜及榜单分析的数据显示，《皮囊》在非虚构类书籍中排名第三，且连续上榜 63 次，上榜最好名次为第一名。

三、畅销攻略

（一）深入人心的文本内容

《皮囊》是蔡崇达首部文学作品，其被定义为有着小说阅读质感的散文集，也是一本"认心又认人"的书。书中的十四篇故事由蔡崇达花费 3 年时间写作完毕，其作为资深媒体人，多年的写作经历使其练就足够的笔力，可以自由地穿梭于他人故事。本书是他对自我的一次深刻剖析，其在本书后记中形容此次写作像是医生把手术刀划向自己，有些文章像是从骨子里抠出来的，是刻在骨子里的故事。

1. 共鸣度极高的命题

这些真实的故事涉及生活中的各个命题——家人、朋友、故乡、欲望等。书中的第一篇故事，其篇名与书名相同，通过阿太（外婆的母亲）的真实生活经历，让大家了解到阿太基于皮囊与肉体间关系的理解所树立的生活观。"肉体是拿来用的，不是拿来伺候的"便出自第一篇故事。第二篇讲述母亲不计代价，克服各种困难，坚持修建完善自家房子，只为心中那永远说不出口的爱情。第三篇讲述了父亲中风生病至逝去，家中变故的整个过程。第四篇讲述自己在医院的重症病房中，在那离生与死最近的地方所发生的真挚故事。第五篇则是讲述母亲作为一个普通人，为寻找情感寄托，从最初信仰笃定的人转变为对神明极为尊崇的整个过程，同时该篇内容涉及的神明具备闽南地方独有的浓厚特色。第六篇讲述小镇姑娘张美丽的故事，展示了经济冲击下传统小镇的变迁，并涉及人们对金钱、情色的欲望。第七篇、第八篇、第九篇讲述自己在学习生涯中遇见的朋友。第七篇通过对比两位名字相同但成长环境截然不同的小孩子，向读者展示了小地方孩子对大城市的向往及大城市的孩子迁到小地方后所经历的心理变化。第八篇是一位早早规划人生却被沉重的自我压力所击倒的少年。第九篇是一位不清楚真实标准而活在虚幻梦想中的少年，最终幻想被现实击败。第十篇借海讲述自己与心中欲望和谐相处的方法。第十一篇表达自己对故乡小镇的眷恋以及对被同质化建设的大城市的厌恶。第十二篇通过与朋友的一段谈话，找到自己如何真正生活的方式。第十三篇强调家对自己的重要性。第十四篇表达自己多么希望挽留自己所爱、所珍惜之物的迫切之情。

可以看到，书中的每一篇故事几乎都是每一个人生活中所必经的命题。虽然整体来看，书中的十四篇故事关联性较弱。但蔡崇达作为特稿记者、作为媒体主编的那段生涯，让他明白了其实每一个人的内心都是相通的，每一个人的内心本质上都是一致的，我们内心其实都是被同样的社会、同样的时代，同样的人与人的关系雕刻出来的，只不过含量不一样。《皮囊》是作者用心灵观照现实的产物。蔡崇达的讲述和思考，熔铸了几乎全部的真情实感。秉持这样的理念，用心写出刻在自己骨头里的故事，必将感动读者。书中末尾处提到马塞尔·普鲁斯特的一句话："每个读者只能读到已然存在于他内心的东西。书籍只不过是一种光学仪器，帮助读者发现自己的内心。因而，与读者产生心灵触碰的书籍，才能更易获得读者的青睐。"

同时，这十四篇故事所涉及的生活中常见命题，可兼顾各类型读者。无论是已为人父、人母的中老年人，还是努力工作打拼的青少年，甚至是尚在努力学习、补充文化知识的学生们皆可成为本书的受众。它虽然带着"心灵鸡汤"图书的影子，但是以更成熟的姿态展现在读者面前，不是简简单单地讲故事，而是用自己的经历与读者互动，让读者有代入感。虽然面向大众人群，但是又有作者蔡崇达自己个性化的东西在里面。

2. 大众化的阅读文本难度

《皮囊》整体的阅读难度并不高，这有利于它成为畅销书，并成为长销书，成功拥有几百万的读者。这类图书不是严格意义上的文学作品，不是经典阅读，文学程度不是很高，但符合大众的阅读人群。《皮囊》上市半年，就成为中学语文试题中的"常客"，蔡崇达认为《皮囊》里有描绘人性基本面的东西，且整本书在用比较朴实的方式探讨生命的命题，所以也比较适合做成阅读理解。这从侧面表现出来本书的阅读难度并不是很高，适合大众阅读与理解。

3. 广受赞誉的文笔

蔡崇达在本书中展现出来的文笔也获得不少赞誉。白岩松认为《皮囊》这本书比他想象的要好，认为它是一种来自内心的记事。在白岩松看来，这本书中的情感和文字是分离的，该书情感浓烈，但文字很俏皮地独立在那里，相对较有节奏，而且文字掌控得很好。

学者梁鸿认为蔡崇达的文字既包容又能够审视自己，其能够用稍微剥离一些的眼光来审视生活。同时，清淡的文字中包裹着一种残酷，这是他能赢得读者的最根本所在，他将故乡内部那种残酷的成长，还有自己的成长书写了出来。

中山大学中学系教授、博士生导师谢有顺认为《皮囊》是一本勇敢、有诚意的书，蔡崇达勇敢去揭示生活中那些黑暗与不堪的一面，从而获得了一种难得的真实性。

从这些赞誉中，我们也可以看到内心与真实是大家对本书共有的赞赏点。因此，这类以自身情感经历所写作的散文集，唯有不浮于表面，从内心深处出发，才可打动读者。深入人心的文本内容是其畅销的原因之一。

（二）简洁、深邃的书名与封面

作为一本书籍，封面是其给读者视觉冲击的首选要素，书名是读者对书籍记忆及内容主旨理解的最佳方式。但在碎片化阅读时代，人们的注意力极易被分散，因此普遍认为书名越短越好，封面越简洁越好。某调查结果显示，绝大多数畅销书的书名不超过5个字。但书籍作为知识的传播者，书名与封面仅仅简单性还不行，还需有一定的深邃含义，能够引起读者的好奇心，激发读者的阅读欲望。

书名《皮囊》仅为两个字，容易记忆与传播。在书中内容写作完毕，需要为书籍命名的时候，作者蔡崇达想找个书名来概括书中故事提到的所有人，最终决定把书看作皮囊，打开本书便是一个个灵魂的展现，把每个人的故事包在它的里面，因此把书命名为《皮囊》。读者虽未能全部领会到书名的真正含义，但提到"皮囊"一词，人们必然会与"精神"一词相对应。读者看到书名，会好奇书中讲述什么样的皮囊，谈及什么样的精神，由此成功激发读者的阅读欲望。封面的设计是其给读者留下的第一视觉冲击。《皮囊》的护封设计整体较为简洁，底色为浅色系，同时一条黄色的线条从书名之间穿过，并且贯穿整个封面，寓意命运是一条闪闪发光的金色河流，我们在此相遇，卸下皮囊，以心相交。

在封面的字体设计上，封一处书名《皮囊》二字字体被极度放大，并居中放置，加大了视觉冲击力，有利于读者对书名的记忆。同时，书名下方用较小的字体写有一句话：这些刻在骨头里的故事，那些我们始终要回答的问题。用简短的一句话将书中内容向读者告知，可吸引读者打开本书进行阅读。封四上列有各名人的推荐，利用名人效应，加深读者对本书的好感，字体选用较小字号，给人带来精致感。同时，推荐人的名字被加粗显示，可第一时间被读者关注到。

封面是读者对书籍的第一印象。因而，封面设计对一本书籍来说至关重要。如何在极短的时间内吸引读者，并使读者对书中内容感兴趣，进而对书籍进行购买是封面设计重要的原则。但若想成为像《皮囊》这样的畅销书，内容仍是决定要素。唯有深入人心的内容才可使书籍树立起良好的口碑，从而吸引到更多的图书购买者。

（三）有效的营销策略

1. 名人效应

《皮囊》这本书从策划到完成乃至到销售的各个环节，皆有名人的参与。

作者蔡崇达在写本书内容时，已是媒体界的知名人士。同时，该书受韩寒的邀约，历经三年集结完成，韩寒同时也担任该书的监制。该书的编者按由韩寒所作，序则邀请刘德华和李敬泽写作完成。在该书护封封底的名人推荐上，除韩寒、刘德华、李敬泽外，还有阿来、白岩松、闫连科。我们可以看到推荐人涉及多个行业的名人，既有作家领域的杰出人物，亦有影视界的名人，这有利于延伸书籍推广的范围。

2014年12月16日，新书首发式暨媒体见面会在北京举办，白岩松出席此次见面会，韩寒虽因档期未能出席，但也托人送来礼物与寄语。2014年12月20日，蔡崇达回到母校泉州师范学院、晋江侨声中学展开文艺对话，举办新书签售会，蒋方舟赶赴泉州师范学院为其助阵。2014年12月22日，蔡崇达赶赴厦门大学开展文艺座谈会。

在各类的宣传活动上，对《皮囊》表达赞赏与喜爱之情的学者及作家也不在少数。学者梁鸿、中山大学中学系教授兼博士生导师谢有顺、新锐小说家蒲荔子等人对该书内容皆表达了赞赏。

《皮囊》作为纯文学作品，文学界多位名家对其文本的认同与推崇对其非常重要，可有力推动其在读者心中的形象。同时，明星对其的推动，可有效增强其在市场中的知名度，从而赢得更多消费者的关注。实力与热度并存的宣传，是其畅销的原因之一。

2. 传统媒体与新媒体的综合应用

传统媒体与新媒体的综合运用，可利用不同媒体不同的优势，对书籍进行更有效的推广。《皮囊》的名人效应虽为其带来了大量热度，但媒体的运用可使其持续保持高热度，作为纯文学作品，其所述内容命题虽囊括各个人群，但其主要的受众为已工作人群和大学生。传统媒体在他们心中的威信高于新媒体。因此，在当下新媒体宣传越来越受到出版界关注的情况下，传统媒体的宣传仍不容忽视。

在传统媒体的宣传上，电视对《皮囊》起到了较大的宣传作用。2015年5月，作者蔡崇达参加了河南卫视与果麦文化传媒有限公司一起打造并推出的一档作家与演员一对一搭档的文学户外真人秀综艺节目，参加节目的演员张晓龙于2016年在自己微博账号上表达了对蔡崇达的崇拜之情，称其为自己偶像，并对《皮囊》进行了强烈推荐。2019年1月，央视《读书》栏目对《皮囊》进行了分享。2020年，东方卫视大型家装改造节目《梦想改造家》第六季收官之作来到福建晋江，在蔡崇达的委托下改造他所著《皮囊》一书中"母亲的房子"。传统媒体尤其是央视、一线卫视对《皮囊》的报道，可有效提高《皮囊》在读者心中的印象与地位。

在新媒体的宣传上，人民网、中国新闻网、凤凰网等各大新闻网站对《皮囊》进行了大量的报道，作者蔡崇达在2016年也曾做客由澎湃新闻与《东方早报》联合主办的"思想湃"活动。除此之外，社交平台微信、微博的推广，也为其吸引了大量的潜在购买者，通过在微博、微信等新媒体上连续刊发书中最动人的片段，可为《皮囊》建立良好口碑。自媒体以微信公众号"十点读书"为例，作为文化类自媒体大号，拥有数千万粉丝，且受众更为精准，可以将《皮囊》更精准地推送到爱读书的人群中。在短视频内容平台上，以二更视频为例，蔡崇达参加了二更——《更北京》系列短片的录制，讲述他和三联书店的故事。短片开头以《皮囊》在三联书店的畅销引入后续内容，为《皮囊》起到了很好的宣传作用。几年，数字化阅读与有声读物发展势头迅猛，《皮囊》也入驻多个在线读书与听书平台。2017年蔡崇达参加了掌阅发起的"阅读的百万理由"公益阅读活动，该活动由数十位大咖共同参加，线上与线下联合举办，线下覆盖北京全地铁，在为掌阅做宣传的同时也为作者蔡崇达提升了人气。2020年年初，新冠肺炎疫情的暴发推动了网络直播销售的发展，出版业也无法避免地进入网络直播销售行业。在4月23日世界读书日那天，果麦文化与淘宝主播薇娅达成合作进行《皮囊》的销售。这次直播销售除具备电商直播销售具有的低折扣特点外，作者蔡崇达也进入直播间与读者进行直接沟通。虽然只有短短几分钟的交流，但根据两个小时的直播销售数据显示，《皮囊》销售量超过3.5万册。

由此可见，图书在新媒体的宣传上，更要做到与时俱进，想要成为长销书需擅于利用各种资源使图书与作者可以长期处于大众的视野中。以上所述的宣传活动仅仅是《皮囊》所有宣传活动中的一小部分，但因其所具有的典型性而将其作为传统媒体与新媒体宣传的案例进行展示。

3. 公益活动

书籍《皮囊》中描绘的母亲信奉神明，作为寺庙的义工，常发愿做善事。受母亲的影响，蔡崇达也曾发愿："当《皮囊》销量每上一个百万册，就要为家乡做点什么。"当《皮囊》销量突破100万册的时候，他在东石的母校设了奖学金。

2017年销量超过200万册的时候，10月，他回到中学母校晋江侨声中学，设立了"长丽文学奖"。奖项的名字取父亲蔡长发、母亲黄丽珍名字各一字组成。设立有诗联、小说、散文、戏剧四个子项，致力于推动侨声中学文学发展，培育侨声中学文学爱好者。2018年12月18日，蔡崇达回到母校福建泉州师范学院，捐资设立"皮囊文学奖"，每年捐赠一次，该文学奖旨在鼓励学子进行文学创作，表彰优秀的文学创作成果。

2019年《皮囊》的销量超过了300万册，蔡崇达选择建一座公益图书馆。他说，还未有人为小镇建一座公益的图书馆，他是作家，他来做很适合。东方卫视原创出品的大型家装改造节目《梦想改造家》第六季的收官之作便是接受蔡崇达的委托，将其老家的房子改造为小镇内的公益图书馆，图书馆的名字与《皮囊》书中第二篇故事篇名相同，命名为"母亲的房子"。图书馆在建设过程中，蔡崇达《皮囊》的粉丝已经在微博上纷纷表达自己在未来一定要带着书，到小镇里来打卡。

作者蔡崇达善心的公益活动，不仅为其树立了良好的个人形象，同时，公益活动举办的时间点正好与畅销书销售量的节点相关，在一定程度上也为书籍起到了良好的推广作用。

4. 营销节点的利用

当《皮囊》累计销售量突破百万册后，出版社发行其百万册纪念版。之后，当累计销售量每增长50万册，则推出相应的纪念版本。最新的纪念版本为2019年推出的350万册升级纪念版。纪念版书籍销售额的情况往往会在包裹新书的塑料包装上显示（通过在塑料包装上粘贴标有销量额的小型纸张）。一方面，这些高额的销售记录证明了《皮囊》在读者中的受欢迎程度，另一方面也可成功吸引潜在购买者的注意力。

在纪念版书籍发行的同时，其营销活动也同步进行。除常规的媒体宣传外，公益活动是其他书籍宣传很难做到的一点。公益活动也伴随着销售的节点，每突破一百万册，便举办公益活动。

四、精彩阅读

"我们还是把房子建完整好不好？"在镇政府回来的那条路上，母亲突然转过身来问。

我说："好啊。"

她尝试解释："我是不是很任性，这房子马上要拆了，多建多花钱。我不知道自己为什么一定要建好。"

她止不住号啕大哭起来："我只知道，如果这房子没建起来，我一辈子都不会开心，无论住什么房子，过多好的生活。"

回到家，吃过晚饭，看了会儿电视，母亲早早躺下了。她从内心里透出的累。我却怎么样也睡不着，一个人爬起床，打开这房子所有的灯，这几年来才第一次认真地一点一点地看，这房子的一切。像看一个熟悉却陌生的亲人，它的皱纹、它的寿斑、它的伤痕：

三楼四楼修建得很潦草。没有母亲为父亲特意设置的扶手，没有摆放多少家具，建完后其实一直空置着，直到父亲去世后，母亲从二楼急急忙忙搬上来，也把我的房间安置在四楼。有段时间，她甚至不愿意走进楼。

二楼第一间房原来是父亲和母亲住的，紧挨着的另外一间房间是我住的，然后隔着一个厅，是姐姐的房间。面积不大，就一百平方米不到，扣除了一条楼梯一个阳台，还要隔三间房，偏瘫的父亲常常腾挪不及，骂母亲设计得不合理。母亲每次都会回："我小学都没毕业，你当我建筑师啊？"

走进去，果然可以看到，那墙体，有拐杖倚靠着磨出来的刮痕。打开第一间的房门，房间还弥漫着淡淡的父亲的气息。那个曾经安放存款和老鼠药的木桌还在，木桌斑斑驳驳，是父亲好几次发脾气用拐杖砸的。只是中间的抽屉还是被母亲锁着。我不知道此时锁着的是什么样的东西。

我不想打开灯，坐在椅子上看着父亲曾睡过的地方，想起几次他生病躺在那的样子，突然想起小时候喜欢躺在他肚皮上。

这个想法让我不由自主地躺到了那床上，感觉父亲的气味把我包裹。淡淡的月光从窗户透进来，我才发觉父亲的床头贴着张我好几年前照的大头贴，翻起身来看，那大头贴，在我脸部的位置发白得很奇怪。再一细看，才察觉，那是父亲用手每天摸白了。

我继续躺在那位置把号啕大哭憋在嘴里，不让楼上的母亲听见。等把所有哭声吞进肚子里，我仓促地逃离二楼，草草结束了这趟可怕的探险。

第二天母亲早早把我叫醒了。她发现了扛着测量仪器的政府测绘队伍，紧张地把我拉起来——就如同以前父亲跌倒，她紧急把我叫起来那无助的样子。

我们俩隔着窗子，看他们一会儿架开仪器不断瞄准着什么，一会儿快速地写下数据。母亲对我说:"看来我们还是抓紧时间把房子修好吧。"

那个下午,母亲就着急去拜访三伯了。自从父亲去世后,整个家庭的事情,她都习惯和三伯商量,还有,三伯认识很多建筑工队,能拿到比较好的价钱。

待在家里的我一直心神不宁,憋闷得慌,一个人爬到了四楼的顶上。我家建在小镇的高地,从这房子的四楼,可以看到整个小镇在视线下展开。

那天下午我才第一次发现,整个小镇遍布着工地,它们就像是一个个正在发脓的伤口,而挖出的红土,血一般地红。东边一条正在修建的公路,像只巨兽,一路吞噬过来,而它挪动过的地方,到处是拆掉了一半的房子。这些房子外面布着木架和防尘网,就像包扎的纱布。我知道,还有更多条线已经划定在座座房子上空,只是还没落下,等到明后年,这片土地将皮开肉绽。

我想象着,那一座座房子里住着的不同故事,多少人过去的影子在这里影影绰绰,昨日的悲与喜还在那停留,想象着,它们终究变成的一片尘土飞扬的废墟。

我知道,其实自己的内心也如同这小镇一样:以发展、以未来、以更美好的名义,内心的各种秩序被太仓促太轻易地重新规划,摧毁,重新建起,然后我再也回不去,无论是现实的小镇,还是内心里以前曾认定的种种美好。

晚上三伯回访。母亲以为是找到施工队,兴奋地迎上去。

泡了茶慢慢品玩,三伯开口:"其实我反对建房子。"

母亲想解释什么。三伯拦住了,突然发火:"我就不理解了,以前要建房子,你当时说为了黑狗达为了这个家的脸面,我可以理解,但现在图什么?"

我想帮母亲解释什么,三伯还是不让:"总之我反对,你们别说了。"然后开始和我建议在北京买房的事。"你不要那么自私,你要为你儿子考虑。"

母亲脸憋得通红，强忍着情绪。

三伯反而觉得不自在了："要不你说说你的想法。"

母亲却说不出话了。

我接过话来："其实是我想修建的。"

我没说出口的话还有：其实我理解母亲了，在她的认定里，一家之主从来是父亲，无论他是残疾还是健全，他发起了这个家庭。

事实上，直到母亲坚持要建好这房子的那一刻，我才明白过来，前两次建房子，为的不是她或者我的脸面，而是父亲的脸面——她想让父亲发起的这个家庭看上去是那么健全和完整。

这是母亲从没表达过，也不可能说出口的爱情。

在我的坚持下，三伯虽然不理解，但决定尊重这个决定。我知道他其实考虑的是我以后实际要面对的问题，我也实在无法和他解释清楚这个看上去荒诞的决定——建一座马上要被拆除的房子。

母亲开始奔走，和三伯挑选施工队，挑选施工日期。最终从神佛那问来的动土的日子，是在一个星期后——那时我已经必须返回北京上班了。

回北京的前一天下午，我带着母亲到银行提钱。和贫穷缠斗了这大半辈子了，即使是从银行提取出来的钱，她还是要坐在那一张张反复地数。清点完，她把钱搂在胸前，像怀抱着一个新生儿一样，小心翼翼地往家里走。

这本应该兴奋的时刻，她却一路的满腹心事。到了家门口，她终于开了口："儿子我对不起你，这样你就不够钱在北京买房子了吧。"

我只能笑。

又走了几步路，母亲终于鼓起勇气和我说了另外一个事情："有个事情我怕你生气，但我很想你能答应我。老家的房子最重要的是门口那块奠基的石头，你介意这房子的建造者打的是你父亲的名字吗？"

"我不介意。"我假装冷静地说着，心里未被印证的某些事，又触动到差点没忍住眼泪。

"其实我觉得大门还是要放老房子父亲做的那对，写有你们俩名字的对联。"

然后，我看见那笑容就这么一点点地在她脸上绽放开，这满是皱纹的脸突然透出羞涩的容光。我像摸小孩一样，摸摸母亲的头，心里想，这可爱的母亲啊。

——节选自《皮囊》第 24-30 页

五、参考文献

[1] 陈艳华. 浅议蔡崇达《皮囊》的人文关怀 [J]. 赤子（上中旬），2016（20）.

[2] 张君成. "心灵鸡汤"早已脱胎换骨 [N]. 中国新闻出版广电报，2016-10-14（005）.

[3] 汉嘉. 用对的方式找到对的读者 [N]. 中华读书报，2015-05-06（009）.

《查令十字街 84 号》

于　立

一、图书基本信息

（一）图书介绍

书名:《查令十字街 84 号》
作者：［美］海莲·汉芙
译者：陈建铭
开本：32 开
字数：25 千字
定价：35 元
书号：978-7-5447-6288-5
出版社：译林出版社
出版时间：2016 年 5 月

（二）作者简介

　　海莲·汉芙（Helene Hanff），1916 年 4 月 15 日出生于美国费城。绝大部分的岁月都在曼哈顿岛度过，一生潦倒困窘。汉芙生前从事最多的工作是为剧团修改剧本，并为若干电视影集撰写剧本。主要的著作有：日记体的纽约市导游册《我眼中的苹果》，自传《Q 的遗产》《纽约来鸿》《布鲁姆斯伯里的女伯爵》及一系列以青少年为对象的美国历史读物。海莲·汉芙 1997 年 4 月 9 日因肺炎病逝于纽约市。

陈建铭，曾任职于台湾诚品书店古书区，现为专业文字工作者，主编，译有《查令十字街 84 号》《菩萨凝视的岛屿》《乞丐国王的时空指环》《藏书之爱》，主编有《逛书架》《逛逛书架》等书。《查令十字街 84 号》是他翻译的第一本书，在未得知此书的版权购买之前，便凭着自己对《查令十字街 84 号》的热爱开始动手翻译其中的章节。

陈建铭曾表示："将这本书中译，想必可以聊尝许多爱书人多年以来的期盼。我知道所有读过这本书的爱书同好——都如我自己一样——总将这本小书珍藏在身边，屡屡重读，让汉芙的珠玑妙语和古道热肠不时温暖自己被冷硬现实尘覆的凡心；而我相信中文世界之所以长年不见此书问世，一定是所有珍爱此书的人——也像我自己一样——不忍丝毫更动书中的每一句话、每一个字。"

二、畅销盛况

1949 年的纽约，曼哈顿一间没有暖气的公寓里，33 岁的穷作家海莲·汉芙，偶然看到一则伦敦旧书店的广告，凭着一股莽撞劲，她开始给这个伦敦地址写信。这一写，就写了二十年。很多年后，她和这家书店的通信集，被称为"爱书人的圣经"，不断演绎。而那家书店的地址——查令十字街 84 号，已经成为优选爱书人之间的一个暗号。三十多年来，人们读它、写它、演它，在这段传奇里彼此问候，相互取暖。

《查令十字街 84 号》是爱书人的圣经，平装本畅销十余年，重印 24 次。而此书的精装本销售更是超百万，收获了众多读者的好评。中文世界首次推出精装珍藏版，为了纪念本书作者海莲·汉芙一百周年诞辰，译者陈建铭修订数十处译文，精益求精。由《读库》的御用设计师艾莉女士担纲设计，随书附赠纪念手册，唐诺、恺蒂、陈建铭、张立宪（老六）长文推荐。书的内文采用一百玉龙纯质纸双色印刷，由世界上最大的圣经印刷厂南京爱德，为爱书人印制此书。

三、畅销攻略

《查令十字街 84 号》被誉为读书人的圣经，以十种文字在世界上广泛流传着。作者与弗兰克在通信的二十年间，由于各种原因两人始终未曾见面，相隔万里，深厚情意却能莫逆于心。无论是平淡生活中的寻书买书论书，还是书信中所蕴含的难以言明的情感，都给人以强烈的温暖和信任。这本书表现了海莲对书的疯狂热爱，海莲的执着、风趣、体贴、率真，跳跃在每封信的字里行间，使阅读成为一种愉悦而温暖的体验。现在世间已经没有查令十字街 84 号的旧书店，但英国文学、古本图书、伦敦巷陌，书中的这些话题却仍然不断激起后来者的思念和共鸣。广播、舞台和银幕也钟情于这本爱书人的掌上明珠，每年都有世界各地的书迷到伦敦查令十字街朝圣，这也是《查令十字街 84 号》成为畅销书的原因。渐渐地，它也成为全球爱书人的一个暗号。

（一）文本自身的魅力

1. 内容

（1）以书信的形式更亲切真实。《查令十字街 84 号》是一本书信集。小说的故事是这样的，贫困潦倒的英国女作家海莲·汉芙喜爱读书，尤其喜爱古旧书籍，但又囊中羞涩，无奈到处寻找可以折价的旧书卖所。她在《书评周刊》上看到的查令十字街 84 号的马克思与恩波书店时，如获至宝般地写了一封求购信，在热切的期待中海莲很快得到答复。于是，海莲和弗兰克之间的缘分开始了，长达 20 年的书信来往，将远隔重洋的两人变成了天涯咫尺的知己。用海莲的话说："弗兰克，只有你能懂我。"穷困潦倒的海莲，尽管自己囊中羞涩，却还是千方百计地为弗兰克和书店的员工们邮寄他们很久吃不到的东西：火腿、鸡蛋、香肠和肉。而弗兰克也煞费苦心地为海莲寻觅她钟情的各种书籍，很多都是难得一见的珍品。通过一封封书信，把他们日常的生活铺展开来，信和书，承载着太多的爱与期盼，穿越重洋，不仅温暖了他们平淡的生活，也温暖着彼此的心。他们内心深处充满了对彼此的向往，但直到弗兰克去世，他们依然未曾谋面。当海莲终于站在查令十字街84号门前，早已经物是人非，她泪如泉涌，满腹悲凉。读这本小说，实际上就是阅览人间的真情，阅览高贵的世道人心。在当今这样一个迷恋物质的时代，那种纯粹的精神交往，实在是可遇不可求。这是一本温暖、美丽的书，也是一本忧伤的书。

（2）女性对书的敏感和温暖。海莲是一位有着真性情的女人，嬉笑之间却有着自己独到的见解，信里没有华丽的辞藻、深奥的比喻，甚至都没有太多复杂的句型。海莲的信中时刻透露出她的机敏热情，时而调侃，时而风趣。虽然她的生活并不如意，却还是能在破旧的沙发上读她喜爱的古旧书籍。读海莲的信是一件令人愉快的事情，活泼风趣的句子让人不自觉地轻松起来，生动的比喻更是引人发笑，在阅读的同时脑海中不禁浮现一个虽不再年轻美丽却有着独特魅力的成熟女性形象。海莲的未婚夫在第二次世界大战时牺牲，而她却没有表现出过多的悲伤，语气里也没有悲天悯人的伤感，有的只是不断感染别人的快乐。她热爱阅读，热爱文学，对畅销书不感兴趣，只对经典的诗歌散文上瘾。爱书之人看到这些信件，遇到熟悉的书籍和情节，一定会会心一笑，心中涌起无限的惊喜与感动，仿佛在这一刻，跨过时间和空间，与百年前的海莲一样，畅游在文学的海洋中。译林出版社出版的《查令十字街84号》后有20多页的附录，用来介绍信中提到的各式图书，也许，此书被誉为"爱书人的圣经"，不仅仅因为这些信件承载着两个爱书人的情缘，更是它将这些伟大的文学著作一一列举，有心的读者也许会照着这份书单，开始与海莲一样的文学之旅。海莲偏爱旧书，对美国书店的新书和价格望而却步，她爱书，却不是书呆子，对于书的品位和选择有着自己独特的见解。她也许不是一名出众的剧作家，却是一名合格的读者。她定期会扔掉一些书，不让书架上留着自己不爱的书。海莲作为一名单身女剧作家，生活过得并不富裕，在未开始写电视剧剧本之前，她生活在纽约旧公寓中，靠着微薄的稿酬过活。但当她在信中得知书店老板及店员们的艰辛生活时，却毫不犹豫地伸出了援手，为远在异国他乡素未谋面的人们送去了干燥蛋、面粉、火腿等在当时算是稀有的食物。但正是她的善良让书店的所有员工都将她视作亲人，纷纷与她通信聊天，邀请她到英国做客。

（3）男性对书的执着和温暖。弗兰克作为本书的男主人公，对他的描述并不太多，读者的印象只能从海莲收到第一封回信时开始，信中的称谓和内容让海莲认定对方一定是一名合格的英国绅士，做事严谨又认真，独自经营着一家小小的书店，等待着有相同爱好和品位的读者登门，仿佛是等待着一场美妙而精心的相遇。空气中弥漫着红茶咖啡和旧书的味道，透过射进窗子的阳光可以细微地看到空中飘浮的粒粒灰尘。这一间小小的书店犹如一个小世界，也是爱书人的一处世外桃源，时间在这里仿佛是静止的，寻找一本心灵相通的书，探寻一场未知的奇遇。对于海莲的订购书单，他都会拼尽全力地去寻找，不论花费多长时间。寻找旧书花费的时间很长，海莲没有催促，也没有另寻卖家，而是耐心的等待，因为他们的心有灵犀和彼此信任，她知道，只要弗兰克答应她就一定会找到。这不单单是买卖双方的信任，更是两个爱书之人之间的默契，她知道他不会忘记，等待的同时也是关系的延续，没有人结束通信，就说明在未知的时刻，一定会收到来自远方的惊喜。这份惊喜也让海莲在孤独的创作过程中得到了一丝安慰，给她孤独的心灵带来了一些期许。两人之间的关系来源于对书籍和书信的忠诚，同时也来源于对彼此的尊重，其中更包含着对远方知己的珍惜。彼此对双方的尊重成为惺惺相惜的关怀，渐渐发展成为礼物的互赠。他尽心为海莲寻找她需要的书，这也是一名英国绅士对于知己的一种回报，也是对于书的尊重和执着。

2. 主题

（1）思想。内容为王，思想才是作品的灵魂。对于一部作品来说，文字贵精不贵多。《查令十字街84号》以十分精练的文字，描述了一个可以无限拓展的故事，透过弗兰克的人格魅力与绅士风度，体现了海莲的率真和阳光性情。从这不经意的流露中，可以一窥文字背后的那份深沉真挚的情感。其实，每一封书信都是爱的表述，而都没有爱的只言片语，这就是主题。不乏抱怨但并不讨厌，彼此的书信里，除了感谢之意就没有其他明显的表达，但可以体味弗兰克与海莲之间那说不出、道不明的羁绊、牵挂和思念。

（2）真情。真爱无言，没有表达，没有暗示，爱的文字唯有爱的心才能读懂。事实上没有哪个感情故事是这样发展的：男女主角天各一方，依靠书信传递着彼此的关爱。一方面能通过书单猜出她的心意，尽职尽责地找到最好的版本；另一方面则在经济萧条的时期，热心坚持为他和他的家人、同事寄去紧缺的食物。长达20年的悠悠岁月，他们自始至终只有通信，没有见面，却靠书信演绎出一段多人参与的、令人唏嘘的书缘。虽然生活未因此发生巨变，但他们带给彼此新的活力，像是调味剂一样，让平凡的生活从此多了一抹新鲜的色彩。这份爱虽然无声，但深藏在永恒的记忆里，无法抹去，历久弥新。爱的文字是一个神秘的符号，爱才是读懂这符号的钥匙。

（3）遗憾。海莲和弗兰克的故事是一本书，他们的书信被翻译成了更美好的语言——爱。所有的书信中，寻不到爱的踪影，而正是这无影无踪的爱，更加刻骨铭心。孤独的海莲，在每一个寂寞的午后，穿着破旧的睡衣，躲在床上抚摸弗兰克寄来的、他曾经抚摸过的书籍，似乎这书籍还带着弗兰克的体温，在海莲的心里慢慢地温暖开来，让海莲激动不已。在通往乡间别墅的公路上，风尘仆仆的弗兰克，想着为海莲搜集到她钟情的图书，而在兴致勃勃地奔走着，他的心里充满了喜悦。通过书信，他们彼此感觉对方已融入自己的生命里，走进自己的灵魂深处。一封封书信，都是对方生活的真情告白。20年就这样静静地过去了，那是无尽的向往与思念。弗兰克走了，带着所有的美好和对海莲的真情，一切都结束了，而一切也都重新开始了。海莲对朋友说："你若恰好路经查令十字街84号，请代我献上一吻，我亏欠它良多。"这是不是来自海莲的真情告白呢？当海莲来到物是人非的查令十字街84号，"她笑着对空荡荡的书店说我来了，弗兰克我终于来了"，这又是不是海莲在心底里掀起的涟漪？20年来，弗兰克寄给自己一本本书、一封封信，像穿起时空的链条，直接通向心灵的最深处，哪怕是死亡都无法抹去这永恒的记忆。泪尽之后，她觉得体内的五脏六腑似乎被掏空了，一片冰凉。她深深地知道，怕失去，所以，从不敢拥有。

3. 语言风格

（1）书信和地址。《查令十字街84号》，这个书名就独具魅力。一个具体的地址，在这里发生了什么样令人难忘的故事，才能让作者以这一个具体的地址来命名？这很大程度上激发了读者的探索心理，勾起了读者阅读的欲望。此外，独特的形式令读者耳目一新，书信体小说并不少见，而《查令十字街84号》的书信体却是独一无二的。它以真实的书信为小说的全部内容，以书信的时间为小说的唯一线索，评价它是爱书人的圣经，是因为它带给人的就是那份清纯、圣洁与爱。这样一封封富含真挚情意又带点调侃的书信，让读者深感那就是主人公真实的感受和喜怒哀乐，是生活的本真，源于他们的内心世界，是从他们心底里流淌出来的没有勾兑成文学作品的文字，让读者随作者的感情脉络走进更深的情感世界。每一封书信，都在走近你，传递着一股暖流，盈满了海莲的心田，也盈满了弗兰克的心田，从而也盈满了读者的心田。

（2）文字清新淡雅。从小说的形式看，是书信体小说，但在众多的书信体小说中它却是最独特的，因为它所有的书信都是原版的再现，使读者读来更感亲切、真实。书中所有的文字都是日常书信的真实再现，都是情感的自然流露，清新淡雅，没有任何的修饰和杂质。小说真实地再现了当时的情景，表达了人与书、人与人之间的感情，使读者置身其中。海莲和弗兰克之间的书缘和情缘，在20年间穿越重洋，自由地飞翔，20年间未曾谋面，却不曾中断，深情厚谊藏于文字的背后，让读者自己去体会摸索。每一封书信都是他们的真情流露，都是真实生活的告白，是率性之作，没有杂质，没有矫饰。那些幽默的话语，既展示了海莲的率真，也体现了弗兰克的绅士。读者读来，内心充满了愉悦。

（二）整体装帧设计

胡愈之曾经说过："一本好书，应当是一件完整的艺术品。一本好书，一定是思想内容、文字插图、标点行格、排版样式、封面装帧都配合得很匀称、很恰当的，书的内容和形式要能求得一致，表达出一本书的独特风格,这样才真正算得一本好书。"而作为畅销书,它装帧设计的目的就更是让更多读者愿意去看看书籍里面的内容。一个好的装帧设计在当今琳琅满目的书海中,就像无声的推销员,它带来的效果在一定程度上会直接影响读者的购买欲。

1. 外部装帧设计

书籍的核心要素是书籍的内容,而读者在对一本书籍进行初步衡量的时候,是一个感性的判断过程,封面具有传递作用。书籍封面代表着整个书籍的装帧水平,是这个书籍装帧系统的一部分,和其他装帧环节一起共同构成了书籍装帧的美学效果和美学意义。也正是如此,书籍封面代表着整个书籍装帧的水平,影响着读者对书籍质量的初步判断,进而影响着书籍在市场上的占有量。

《查令十字街84号》这本精装珍藏版,装帧设计是由《读库》御用设计师艾莉女士担纲设计的,随书附赠纪念册。精装珍藏版一如海莲·汉芙信中对好书的描述,有着米黄色的厚实内页和封面上的烫金书名。护封是这家古旧书店的缩影,与充满了神秘色彩的古老打印机打印出来的信封字样般,散发着一股浓浓的油墨香味,淡黄色的书皮,轻抚有粗糙的质感。封壳是光可鉴人的墨蓝色皮装,印有古雅的烫金中英文书名,特别悦目,二者内外呼应,视觉效果统一,简洁大气,深得爱书人的喜爱。

2. 内文版式设计

内文是略微泛黄的双胶纸,透着悠悠的历史感。内文的排版异常简约,保留了书信格式,正文字体黑色,里面的页眉都是金色,只是在页码处作了修饰,偶数页是 1951 年 LONDON.W.C. 的邮戳,奇数页是看不清年份的 NEW YORK N.Y. 的邮戳,让读者恍惚,仿佛自己正在翻开半个世纪之前的这些信笺。文末注释很丰富,跟着海莲·汉芙读一遍她读过的书,像一个朝圣者去查令十字街84号替海莲·汉芙献上一吻。

(三)名人效应

《查令十字街 84 号》在中文世界的传播，离不开四个人，他们是杨静远、钟芳玲、恺蒂和陈建铭。对国外著名作家及其作品在中国的传播，一开始总是偶然的、零星的、个别的，然后越来越多的人和媒介参与传播，涓涓细流终于变成大江大河，《查令十字街 84 号》就是如此。

1. 杨静远

早在 1996 年，我国著名翻译家、中国社科院外国文学研究所编审。其在《世界文学》1996 年第 2 期发表了《布卢姆斯伯里的公爵夫人》，第一次在国内介绍了海莲·汉芙的生平，以及她的两部作品:《查令十字街 84 号》(她译为《查林克罗斯街 84 号》)及其续篇《布卢姆斯伯里的公爵夫人》，并说它们"脍炙人口"。

在译文开始之前，杨静远先介绍了海莲的生平：祖籍英国的犹太族女作家，自由撰稿人，以及她的前期创作活动。她将《查令十字街 84 号》与《布卢姆斯伯里的公爵夫人》放在一起介绍，认为"这是一个风趣盎然、略带哀伤而充满人情味的温馨故事"。海莲认为:"在一个功利务实的时代，这段古典式的纯真友谊，牵动了千百个读者的心，为她赢得了无数的书迷。"因此，杨静远可称为《查令十字街 84 号》在中文世界传播的第一人。

2. 钟芳玲

不得不说，钟芳玲也功不可没。更关键的是，她也许是海莲生前见过的极少数华人之一。《查令十字街 84 号》中的书店是她印象最深刻的书店。正是被这本小书中的故事所感染，她 1994 年秋天第一次拜访了马克斯-科恩书店的旧址查令十字街 84 号，她译为"查灵歌斯路 84 号"，比现在通行的翻译更有诗意。它当时已经是一家唱片行，撩拨不起她进去瞧瞧的一点冲动，因为她觉得在书店的旧址上开的就应该还是书店。第二年春天再到伦敦的时候，她再次造访此地，发现这家唱片行也要歇业了，但是还有不少海莲的书留在书架上，以供世界各地的书迷造访之用。没想到的是，老板霍华德·吴向她提议，如果有机会，应该回美国纽约拜访海莲本人。这让她当场瞠目结舌，因为她虽然长居美国，却不曾想过海莲本人居然还活着。

1996年7月的一天，在纽约上城东区一栋大楼的门厅，钟芳玲见到了年已八旬的海莲。两人在街对面的一家咖啡馆落座，当海莲听说钟芳玲因为喜爱她的《查令十字街84号》并有要将其翻译成中文版的念头后，赞许不已。几天后，两人二度碰面，这次钟芳玲就直接来到海莲独居的家中。自从拜访过书店旧址并见到海莲之后，钟芳玲就不断地收集《查令十字街84号》的各种版本，下意识地希望通过这种方式来与海莲有所牵连。她还写下了专文《查灵歌斯路84号》，发表在2001年3月的《自由时报》上，并收入她的《书天堂》一书中。2004年11月，《书天堂》由台湾远流出版公司出版，2005年1月又在广西师范大学出版社出版发行，几乎是同步出版。译林出版社2005年出版的《查令十字街84号》之所以刚推出就走势不错，应该也有一部分是因为《查灵歌斯路84号》的缘故。

3. 恺蒂

恺蒂的《书缘·情缘》发表于《万象》杂志总第3期（1999年3月出版），比钟芳玲更早为中国读者所知。在这篇文章中，第一段生动地描写了查令十字街这条"书店街"的场景，接着的第二段就说：她跨下了一辆黑色的计程车，纤巧单薄的女人，游移的目光掠过那一家家摆着书的橱窗，寻寻觅觅，像是丢失了件宝物。最终停了下来，但八十四号却是空空如也。孤身女人想张口告诉主人已到来，她信守了诺言，但空屋中并无人回应，只有一阵冷风袭过，泪水顺着面颊静静地流淌下来。是一段书缘，还是一段情缘，竟让这纽约的独居女人千里迢迢为了伦敦小街这破落关门的书店而如此神伤？手中握着那本薄薄的小书，是为了还八十四号的哪一种心愿？这段描写像是作者看过的同名改编电影的场景，也像是她看过书后的合理想象，将读者带到一个活生生的场景中。其中的"是一段书缘，还是一段情缘"也是点睛之笔，从"书缘"引申到"情缘"，是因书缘而结情缘，但这段二十年的书缘，因弗兰克的突然去世而戛然而止。这篇文章后来在译林版的《查令十字街84号》中作为序言出现。

4. 陈建铭

陈建铭曾任职于台湾诚品书店古书区，在店中的某一个下午，他和钟芳玲聊起这本书真该有个中文版，认为钟芳玲"自然是当仁不让，而且以她作为此书的头号死忠书迷，加上她与汉芙本人的私交……是担任中译者的不二人选"。

理由如此充分，那为什么钟芳玲不愿翻译呢？陈建铭给出的缘由是："中文世界之所以多年不见此书问世，一定是所有珍爱此书的人——也像我自己一样——不忍丝毫更动书中的每一句话、每一个字。"那为什么陈建铭又愿意翻译此书呢？因为"苦等不及而掠占了她原先的任务"。另外的理由就和这部改编电影的中文译名有关了。他说："坊间某些录像带租售店或许仍可寻获年代公司的授权版，要特别留意的是：台译片名居然成了《迷阵血影》，而影片对白字幕亦惨不忍睹，简直到了令人坐立难安的地步。我翻译这本书，多少也想为它赎罪罢了。"

（四）宣传营销手段

1. 媒介的力量

在"互联网+"时代，随着新浪微博的普及与深入人心，其宣传作用也越来越凸显，通过微博策划营销图书的效果非常不错。利用微博营销最关键的一点在于人气，只有你的活跃粉丝或者受众多了，才会起到关键的作用。

《一本好书》是大型场景式读书节目，该节目还原了经典作品的经典场景，由众多知名演员演绎，通过舞台戏剧、片段朗读、影像图文插播等手段，呈现书中情节和情感。在此节目中，由潘虹、尤靖茹动情演绎的《查令十字街84号》，生动呈现了书中的很多情节，再次激起了广大爱书者的购书热潮，推动了该书的销售。

2. 电影的影响

1987英国电影《查令十字街84号》，没有炫酷的特技，没有复杂的叙事线，缓缓地讲述男女主人公的感情。安妮·班克罗夫特和安东尼·霍普金斯，两个老戏骨，极富深情的表演，让整个影片更加温柔、深邃。这是一个因为书而结缘的故事，是一段纠缠二十年的感情故事，是一段被所有读书人都羡慕嫉妒又倾心向往的情感。

国内近年上映的电影《北京遇上西雅图之不二情书》，讲述了一段因为书信引发的情缘故事。影片从男女主人公互寄给对方一本书开始，且他们事先并不知道会寄给谁，两个人的命运从此联结在了一起。这本书就是有着"爱书人的圣经"之称的《查令十字街84号》，男主人公寄的是英文原本，女主人寄的则是中文译本。《不二情书》是对汉芙和弗兰克故事的致敬，值得欣慰的是，故人未能完成的心愿在电影中实现了。影片的最后，男女主角在查令十字街84号书店相遇，红着眼眶看着彼此微笑，这圆满的一幕让人为之动容。

（五）社会需求

1. 平淡如水的感情，才真正温暖人心

海莲与整个书店的人建立起来的友谊，从来没有因为时间而消磨，也没有因为距离而淡忘，一切如水滴石穿一样，深深地刻印在所有人的心中。这样的感情，在现实中也存在很多吧。在生活中，我们会经常听到这样的言论："是不是朋友，借个钱就知道了。"其实就是由于觉得人心叵测，觉得得不到应有的回报，所以人们才会觉得真情难得，真爱无价。那么这样的真情在哪里找呢？在繁华迷雾中，这样的感情是很难获得的，这样的感情往往就在最平凡的生活中，才能够得到。

今天，当我们再回头看《查令十字街84号》的时候，我们也许更加能够理解，当海莲知道弗兰克已经走了以后，她含着泪说的那句话，"如果你们刚好经过查令十字街84号，代我献上一吻，我亏欠他良多……"

海莲亏欠的不是感情，而是对这份感情的一次承诺，一次实践。但是也许就是因为他们在二十年间从未相遇过，才让这份感情显得更加的可贵和可爱。愿我们都能够在平凡的生活中收获一份真挚的感情，或远或近，都能有一个心灵的栖身之所。

2. 是不是爱情？

《查令十字街84号》是一本引人臆想的书，看完书不禁想问，海莲与弗兰克之间，究竟是不是爱情呢？似乎是爱情，又似乎不是爱情。当人的情感与书纠缠在一起时，让人很难分清这里面有哪些微妙的东西。

书里面有很多引人联想的细节。海莲写信给弗兰克："春天到来之际，我要一本情诗集。"弗兰克摒弃"汉芙小姐"的敬称，改称"亲爱的海莲"的时候，又恰恰是在2月14日情人节这天。这些暧昧的片段更加使人们确信，两人之间确确实实存在一个爱情故事，只是双方都将这份情感深埋在心底罢了。"多么美好的故事！书与爱情！"于是"查令十字街84号"不仅成了爱书人的暗号，也成了爱情的暗号了。

重要的是情境。人们期待着因为书而获得一段灼热的关系，当这种灼热的关系暧昧不清、无法命名时，只好暂且称为爱情。人们建造了这一情境。只有在这种情境里，心灵与心灵之间才会激发最纯粹的精神之爱，某种强烈的眩晕引诱着我们，迷惑着我们，让我们跌入无限的幻想。尤其是，当这种幻想仅仅藏身于幻想，没有在现实中遭受击打的时候。海莲与弗兰克的相见无限地推迟，这里面固然有写作者辛苦谋生的经济困窘，有时代历史与地理空间的种种交错，但主观上还是海莲自己选择了延期。这再次为人们提供了臆想的可能。查令十字街84号的故事或许只有真正的老书虫们才懂得这份情感。但故事双方若是换成另一个海莲和另一个弗兰克呢？也许真的会有爱情发生。

四、精彩阅读

敬爱的夫人：

谨在此回复您于本月五日的来函。敝店很荣幸能为您解除三分之二的困扰。您所列出的三种哈兹里特散文，均收录于这本典范出版社的《哈兹里特散文选》内；斯蒂文森的作品则在《致少女少男》中可以找到。我们挑出两本品相较好的书为您寄上，相信不久后即可送达您的手中，祈盼您会满意。随书附上发票，请查收。

至于您提及的利·亨特的散文，目前颇不易得见，不过我们会留意是否能找到收罗齐全且装帧精良的版本，届时将再为您寄上。而您所描述的拉丁文圣经，目前敝店并无存书，仅有晚近出版、布面精装普通版的拉丁文和希腊文《新约全书》，不知您是否有兴趣？

马克斯与科恩书店
FPD 敬上
——节选自《查令十字街84号》第3页

亲爱的塞西莉：

约克郡布丁简直太棒了！因为我们这儿从没人见识过这玩意儿，我后来只好向别人形容成"一笼高高鼓起、松软细致、入口即化的特大号烤饼"！

请别为我寄去的那些食品操心。我自己也觉得不可思议，那家海外邮购公司也不晓得是不是非营利机构，抑或是商品可以免税什么的吧？总之，他们的东西都便宜得很，我自己买的那只火鸡都还比寄给你们的那一大箱圣诞包裹贵哩。他们的确有一些价格比较高的商品，比如大块的烤肋排，或是一整只羊腿之类的。不过，即使是那些东西，也比跟这儿的肉贩买要便宜许多，如果真的那样，把我剁了也没法子寄东西给你们。现在正浏览着目录，我把它摊在地毯上，琢磨着两个旗鼓相当的商品组合：编号105的包裹（内含鸡蛋一打外加甜面饼一箱）和编号217B的包裹（内含鸡蛋两打、没有甜面饼），我实在不甘心寄一打装的鸡蛋，让你们每人各分得两只能干吗？不过布莱恩跟我说，粉末干燥蛋吃起来味同嚼蜡，还真伤脑筋。

有一位制作人刚打电话给我，说他蛮喜欢我写的剧本（还没喜欢到要把它搬上舞台的程度）。他正打算制作一出电视剧集，问我是否有兴趣编电视剧本，他漫不经心地说："一集给两张！"搞了半天才弄明白他的意思是：每一集的稿费两百元。我原先为剧团修改剧本，一周的酬劳也才不过四十元！明天要去和他详谈，快祝我好运吧！

祝福你

海莲

——节选自《查令十字街84号》第30-31页

亲爱的弗兰克：

本打算一收到书就写信给你的。就是想跟你道句谢谢，《垂钓者言》里的木刻版画太棒了，光这些插图的价值就十倍于书价。我们活在一个诡异的世界——这么漂亮，又能终生厮守的书，只需花相当于看场电影的代价就能拥有；上医院做一副牙套却要五十倍于此。

唉！如果你们依照每本书的实际价值去标价的话，我肯定一本也买不起。

如果你知道我这个一向厌恶小说的人终究回头读起简·奥斯汀来了，一定会大大地惊讶。《傲慢与偏见》深深掳获了我的心！我千不甘万不愿将我手头上这本送还给图书馆，所以快找一本卖我。

代我问候诺拉和办公室里可怜的上班族们。

HH

——节选自《查令十字街84号》第69页

你们店里一直发行这么棒的目录。却直到现在才寄给我！难道你还好意思跟我说你老是忘了吗？汝等无赖！

忘了哪个复辟时代的剧作家老爱用"汝等无赖"这个词儿数落别人，我好不容易终于逮到机会可以用它来造个句儿。

话说回来，这整本目录里头只有这本卡图卢斯我有点儿兴趣——虽然不是"洛布经典文库"版，不过看起来还算差强人意，如果这本书还在的话就寄给我。至于书价六先令两便士，只要你换算成美金，我马上付——凯特和布莱恩搬到郊区。这下子没有人可以帮我换算了。

如果你从下个月起每个星期都能携家带眷乖乖上教堂，我会十分感激你。请一起为吉廉、李斯、史奈德、坎帕内拉、罗宾逊、哈吉斯、费里罗、帕德瑞斯、纽坎姆与拉宾—布鲁克林道奇队全体球员祷告，祈祷他们身强体健并获天助神力。要是他们打输了世界大赛，我也不想活了，到时你再后悔就来不及了。

你们有德·托克维尔的《美洲见闻录》吗？有人把我原有的一本借走了赖着不还。我实在百思不解，再循规蹈矩的人怎么一霸占起书来都是一副理直气壮的气派。

代我问梅甘好，要是她还在店里头帮忙的话。还有。塞西莉现在怎么样了？从伊拉克回来了吗？

HH

——节选自《查令十字街 84 号》第 81~82 页

亲爱的凯瑟琳——

我正在整理我的书架，现在抽空蹲在书堆中写信给你，祝你们一路顺风。我希望你和布莱恩在伦敦能玩得尽兴。布莱恩在电话中对我说："如果你手头宽裕些就好了，这样子你就可以和我们一道去了。"我一听他这么说，眼泪差点儿要夺眶而出。

大概因为我长久以来就渴望能踏上那片土地……我曾经只为了瞧伦敦的街景而看了许多英国电影。记得好多年前有个朋友曾经说：人们到了英国，总能瞧见他们想看的。我说，我要去追寻英国文学，他告诉我："就在那儿！"

或许是吧。就算那儿没有，环顾我的四周……我很笃定：它们已在此驻足。

卖这些好书给我的那个好心人已在数月前去世了，书店老板马克斯先生也已不在人间。但是，书店还在那儿，你们若恰好路经查令十字街 84 号，代我献上一吻，我亏欠它良多……

海莲

——节选自《查令十字街 84 号》第 123 页

五、参考文献

[1] 叶新.《查令十字街 84 号》在华人世界传播的四个推手 [N]. 中华读书报，2017-04-05（19）.

[2] 王晓玉.情感的家园 心灵的驿站——《查令十字街84号》中爱情的另一种诠释[J].赤峰学院学报,2014(12):148-149.
[3] 石明慧.一店一世界——从《查令十字街84号》探寻人性的温暖[J].安徽文学,2017(6):30-31.

《文化苦旅》

郑文静

一、图书基本信息

（一）图书介绍

书名：《文化苦旅》
作者：余秋雨
开本：16 开
字数：350 千字
定价：39.80 元
书号：978-7-5354-4734-0
出版社：长江文艺出版社
出版时间：2014 年 4 月

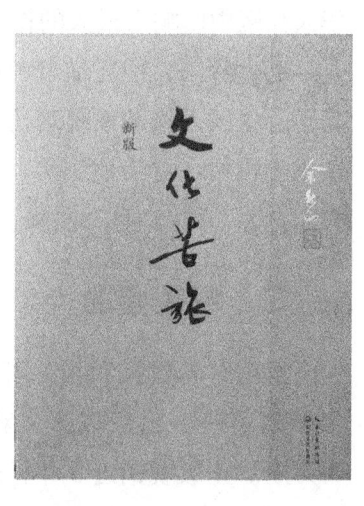

（二）作者简介

余秋雨，1946 年 8 月 23 日出生于浙江省余姚市，中国著名文化学者，理论家、文化史学家、散文家、当代著名艺术理论家，现任中国艺术研究院"秋雨书院"院长、香港凤凰卫视首席文化顾问、澳门科技大学人文艺术学院院长。

余秋雨 1966 年毕业于上海戏剧学院戏剧文学系，1980 年陆续出版《世界戏剧学》《中国戏剧史》《观众心理学》，1985 年成为中国最年轻的文科教授；1986 年被授予上海十大学术精英，同年获"国家级突出贡献专家"称号，历任上海戏剧学院副院长、院长、上海市咨询策划顾问，并被选为"上海十大高教精英"；上海写作协会会长，并担任复旦大学、交通大学、中国科学技术大学、东南大学、宁波大学等多所大学客座教授。

余秋雨以写历史文化散文著称，散文集《文化苦旅》在出版后广受欢迎，先后获上海市文学艺术优秀成果奖、金石堂最具影响力图书、上海市出版一等奖。此外，《山居笔记》《霜冷长河》《千年一叹》《行者无疆》长期位居全球华文畅销排行榜前列。海内外读者高度评价他集"深度研究、亲历考察、有效传播"于一身，以整整二十年的不懈努力，为守护和解读中华文化做出了先于他人的杰出贡献。余秋雨先生已被公认为目前全世界华人社区中影响力最大的作家之一。

近十年来，他凭借着考察和研究的深厚资源，投入对中国文脉、中国美学、中国人格的系统著述。联合国教科文组织、北京大学、《中华英才》杂志等机构一再为他颁奖，表彰他"把深入研究、亲临考察、有效传播三方面合于一体"，是"文采、学问、哲思、演讲皆臻高位的当代巨匠"。

二、畅销盛况

根据开卷数据和相关研究调查的评估结果显示，《文化苦旅》自1992年年初第一次出版以来，获奖无数，畅销至今已29年，累计销量突破千万册。正版脱销近5年，盗版猖獗销售2亿册。因此有学者认为，在文学走向疲软的世纪之交时期，这是一种令人惊羡的现象。而余秋雨自己在最新修订版序言中说："其实在公共场合出现的它（《文化苦旅》），大多不是真身。因为已有统计，此书盗版数量至少是正版的十八倍。"余秋雨本人在各地书摊上就购过自己40余种的盗版散文集。可以说，《文化苦旅》是当代中国被盗版次数和数量着实惊人的一部书。

尽管有18倍之多的盗版书，正版《文化苦旅》依然畅销不衰，自首次出版以来，长期占据排行榜：不仅是开卷非虚构类畅销榜的常客，在全国文学书籍排行榜上也名列前茅，全球华文书籍十年排行榜中它亦赫然前列。同时，它也是中国家长邮寄给留学子女最多的一本书。书中的《信客》《道士塔》《莫高窟》《都江堰》《夜与诗意》等一个个经典篇目，不断被编入教材、教参、考试题目，使《文化苦旅》影响了一代又一代的学生、家长和老师。此外，它还是海外华人家庭阅读最多的一本书，是全球华人一家三代共同的文化烙印，也对中国人的文化价值观起到了一定的塑造作用。

东方出版中心发行人员曾在 2012 年接受访问时称："《文化苦旅》依然是东方出版中心卖得最好的书，在单本售卖的同时，还可搭卖其他书。仅一本《文化苦旅》的利润，完全可以养一个出版社，最多的时候每年可发行数十万册。"自 1992 版东方出版中心合约到期之后，全国各大出版社更是一度疯狂地争夺该书版权，但多年来余秋雨始终不同意重复出版，坚持不再授权，他感叹道："《文化苦旅》就是外出的浪子，它'出门旅世'时间太长，带给我的麻烦难以计数。"的确，此书的重大影响，在为余秋雨先生带来无数光环和拥趸的同时，也带来了数之不尽的麻烦和盗版。誉满天下，"谤"亦随身。而最终，余秋雨先生在身心俱疲之下，决定亲自修订、重编此书："书稿我必须从头到尾重新修改、整理，并且必须等待所有旧版销售干净，才能让新版问世。""各色盗版还在市面上汗牛充栋，我自编一本新版宣布它们全部非法，挺好玩的。"由此，2014 新版《文化苦旅》便应运而生了。该新版一经推出后，销量状况仍然呈现良好态势，在出版同年的开卷年非虚构类畅销书排行榜 Top30 中排名第 5，在开卷 2015 年上半年非虚构类畅销书排行榜 Top30 和开卷 2015 年非虚构类畅销书排行榜 Top30 等榜单中均占有一席之地。

三、畅销攻略

（一）内容质量上乘

1. 精妙的语言艺术

初读《文化苦旅》时，本以为是一本体量较大、厚重晦涩的学术性散文，然而继续深入后，发现余秋雨先生擅用多种修辞手法和表达技巧，灵活地点染在文章各处，使字句文段朗朗上口、活泼优美又不失恢宏气势，极大地丰富了文章的层次性和阅读意趣，易使读者沉浸其中而孜读不倦。排比手法的使用频率尤其高，无论是《莫高窟》中"佛号、磬钹声、诵经声、木鱼声、旌旗飘荡声、民众笑语声、石窟外的山风声、流水声、马蹄声、驼铃声"以一组短词排比所带来的声色萦绕之感，还是《写经修行》里"其实，我们在很多庙宇、石窟中见到的菩萨造像，也都是这样的神貌：不在乎外界，不在乎信息，不在乎区别，不在乎历史，不在乎未来，不在乎争斗，不在乎挑战，不在乎任何外在的形态和内在的执着。上下前后全看空，万般名物全看破，以自如、自由、自在之心，处理一切不测和灾祸，化解一切恐惧和苦厄，度化一切迷惘众生，一起解脱"中透露出的对于修行之道的阔达参悟，又或于《黄州突围》中"成熟是一种明亮而不刺眼的光辉，一种圆润而不腻耳的音响，一种不再需要对别人察言观色的从容，一种终于停止向周围申述求告的大气，一种不理会哄闹的微笑……"的超脱观察，皆向读者娓娓诉来，细细倾来，缓缓道来，辅之以对偶、比喻、拟人、反问、夸张等修辞手法，使文章在读来朗朗上口的同时，散发出浓厚的诗意气质与深刻意境，令读者难以抗拒。

2. 多学科融通的记叙方式

余秋雨先生以擅写文化历史散文而闻名。《文化苦旅》作为他最早的一部历史文化散文集，在淋漓体现语言功力和行文气势之余，作品的内容处理又并非"怀古伤今"，其作品字里行间充分流露出的对历史过往的喟叹、对人自身完善的哲思无不引人入胜。作者立于文学、史学、哲学、美学等各个学科的角度来思索往事，联系古今、放眼中外，并将各学科有机融通一体，对历史和人文景观进行了多个层次的诠释，增加了文章浑厚的艺术和文化思辨质感，容易将读者带入其所构建的特定意境之中，进而引发读者的思考和共鸣。

如在《宁古塔》中对于古代"株连"，运用历史哲思视角进行一番分析："在统治者看来，中国人都不是个人，只是长在家族大树上的叶子，一片叶子看不顺眼了，证明从根儿上就不好，于是一棵大树连根拔掉。"对于古代统治者为威慑政治而采取的"株连九族"残酷刑罚的心理，进行了哲学化辩证批判。同时，指出"树上叶子那么多，不知哪一片会出事而祸及自己，更不知自己的一举一动，什么时候会危害到整棵大树，于是只能战战兢兢，如临深渊，如履薄冰，如此这般，中国怎么还会有独立的个体意识呢"？对很多"心底明白而行动窝囊的人物"的苦衷进行了一定解读，对君臣纲常秩序的影响产生一番联想，对中国人的家庭观念和全局意识也进行了一定的思考。在讲"大道理"的同时，对地域文化等较贴近日常交际的方面也有阐释："我常常想，今天东北人的豪爽、好客、重友情、讲义气，一定与流放者们的精神遗留有某种关联。流放，创造了一个味道浓厚的精神世界，使我们得惠至今。"这种多层次的人文感怀，在丰富了文章内涵的同时，又能贴合不同文化层次读者的心理认知，既引发哲思又平易近人，从而能够吸引更多读者。

又如在《沙原隐泉》中，将敦煌景致之美与认知之美紧密结合："唯有大漠中如此一湾，风沙中如此一静，荒凉中如此一景色，高坡后如此一跌，才深得天地之韵律、造化之机巧……以此推演，人生、世界、历史，莫不如此。给喧嚣以宁静，给急躁以清冽，给高蹈以平实，给粗犷以明丽。唯其这样，人生才见灵动，世界才显精致，历史才有风韵。"在将泉、沙、坡等景致相集的同时，对应到人、世、史之上，由形写意、神形合一、观物思人、寄人文感喟于诗化感官之中，洋溢着别样之瑰美。综上，多学科异质同构，圆融相照，通感化变，浑然一体，相互促进，共存于难以割舍的共同体中。综上，《文化苦旅》用文学创作践行了文史哲互根的理念，为文史哲互根的当代回归提供了一种可能。

3. 丰厚的知识体系

需要指出的是，《文化苦旅》中也因出现过一些知识性"硬伤"问题而受到争议，也有人认为其语言过于煽情和甜腻。然而瑕不掩瑜，这部作品文化内涵和广度仍然值得畅谈。且先不论余秋雨本人的教育背景、文化修养和其在文化界的地位，包括《文化苦旅》在内的这一系列散文的写作，是他在考察并阐释了大量的中华文化遗迹后，为了对此进行更加深入的对比研究，又远涉重洋，穿行4万余千米，冒着生命危险考察了世界其他重要文明遗址所凝结而成。他一路穿行,从中国的西域行至战火纷飞的中东,途经古典又旖旎的西欧,最后驻于凛冽清冷的冰岛……途经三四十个国家,百余座城市,将希伯来文明、伊斯兰文明、两河文明等各种古老文明都逐一记录。在对比与揣思中,又渐渐找到了中华文明之所以延续的原因。余秋雨先生对于亲自用脚步丈量的万里征程上的每一个文化节点、每一段历史故事,无论是之前所学的,还是在途中听闻的,他都能有所思考、有所延伸,对于其中所涉及的无论是历史、艺术、哲学,还是宗教、文学、美学等学科和领域的知识,他都能有所涉猎、有所见地、有所领悟,集海内外研究、亲历考察、有效传播于一身,这种守护和解读中华文化的精神,这段别有一番滋味的"生命苦旅",与厚重而又真实的文化喟叹相融成的"文化苦旅",在20世纪90年代"下海潮、出国热"的时代背景之下,对于异国风情充满着好奇和憧憬的国人来说,此书便是一扇足不出户便可观影世界的窗扉。

4. 真挚的人文情怀

余式散文风格的一个显著特点是,它摆脱了传统散文过于琐碎的写作视角,而以宏大的中国民族、历史、文化为创作背景,在历史中寻找到人类穿越时空的情感结合点,选取的内容题材又紧扣现代人极其关注并能建立感情联系的事件和人物,并赋予人生命运的终极关怀。以大事件、大命运、大感受为基本写作趋向,体现出浓厚的人文情怀和文化人格。对于往昔的斑驳与蹉跎,他并非在一味喟叹或掩面叹息,而是从一众王朝的背影和历史人物的剪影中,积极探寻在特定时代背景之下,健全人格和人文气魄的踪迹。对于历史和人物的叙述,余秋雨又能自如地站在本人的戏剧文化背景下,得心应手地驾驭故事节奏,将厚重的历史转化成轻巧的诗,将前人的愤懑与当今读者的郁闷、旧时的朝堂知足与如今的阶级沟壑相对应,使再晦涩的故事、再酸涩的情感,也能极易触动观众的泪点,使之产生一种代入感并引发共鸣。除此之外,文章中所体现的家国情怀,也是拨动读者神经的重要元素,由此所触发的爱国情怀和国人特殊的文化基因,也提升了阅读的感官体验。

（二）编辑慧眼独具

一本畅销书的打造，从最初选题策划到最终推广宣传的整个出版环节，编辑活动都在其中起非常重要的推动和促成作用。而《文化苦旅》的出版过程，也并非一帆风顺，其最终得以大获成功，与本书最初版的编辑王国伟，有着密不可分的联系。

《文化苦旅》中的散文最初是以专栏的形式，在巴金先生主编的《收获》杂志上刊载，由于杂志本身在文学界的影响力，开始刊发时专栏反响不错，在圈内积累了一定口碑。当时，若干内地文科院校发表了一些有质量的关于《文化苦旅》的评论文章，但由于学校和评论者地位不高，未有较大影响，而在后续的出版历程中，也曾一度深陷窘境。最初向余秋雨约稿的出版社错解了《文化苦旅》的内在价值和内容定位，且要求删掉一些部分并以旅游手册的形式出版，使余秋雨在感到愤懑失落之余，收回稿件后甚至一度将之锁进了柜子。

后来在一次机缘巧合下，知识出版社的编辑王国伟去余秋雨家谈事，并谈到了《文化苦旅》在出版上不愉快的事。在了解情况后，王国伟当即接下了这堆在墙角中"惨不忍睹的"书稿。对稿件进行重装整理并认真阅读后，他认为"作为散文非常好读，而且关注历史大事件，反映人生的体验，富有细节美。而且，每一篇散文里都有一个故事结构，故事简单，脉络清晰，让阅读者顺此脉络进入，轻松有趣。这恰恰符合一般读者的阅读习惯。再加上他独特的文字表现力，自然就会拥有读者。"在发现了作品的潜在市场价值，充分肯定了稿件自身文化价值的同时，为了增加更多的信息量，加强文化厚重感，丰富和充实作品结构与内涵，又邀请余秋雨补写了一些篇章，如"风雨天一阁"等，使书稿从原来的 18 万字左右，增加到了 23 万字左右的规模。

在书稿正式立项后，王国伟又找来读过本书的朋友沟通，在获得了肯定评价后，进一步增强了对《文化苦旅》出版前景的信心。在确定《文化苦旅》的出版定位、厘清出版思路并得到领导认可后，王国伟决定将《文化苦旅》作为出版社重点图书列项和运作，并确定了以精装本为主的出版形式。在 20 世纪 80—90 年代初，散文类书几乎不可能享受此礼遇，且精装本带来的高成本和高定价，是否会影响销量也未可知。但王国伟坚持以精品图书的定位来制作，在他看来，"'一本书主义'应该成为出版人自己的内心要求，要做就做'长命书'，即能够不断进行重版和再版的书。无论是学术书，还是文学类的书，还是其他类型的书，都应该如此。出版人是要靠产品说话，靠品牌成就事业"。同时他还认为，精装本显得更加有文化分量，放在书架上更端庄，同时，也体现了对作者的尊重，并能满足和彰显作者及出版者的文化自尊及典雅的文化品位。此外，初版《文化苦旅》采用的撇脂定价策略，在图书生命周期初期，在同类竞品出版前，能够有效收回成本，取得利润，为本书此后的长期畅销运作活动提供了较为充足的资金保障。

直到 2000 年，王国伟再次主持了《文化苦旅》的正式改版工作。为了便于阅读，决定把精装本改为简装本，并约请了上海优秀的图书装帧设计家袁银昌先生重新装帧设计。他对封面、内页、版式都进行了精心调整，采用再生纸和简洁典雅的设计，使内容和形式更加统一。而初版 22 元的定价则保持不变，与涨幅较大的物价相比，价格较低。事实证明，这次改版是成功的，不但使《文化苦旅》获得了良好的文化气质，也被市场充分接受和喜欢，为销售的进一步深入提供了产品基础。自此，《文化苦旅》保持着持续畅销势头，引发了具有强大后劲的蝴蝶效应，产生了巨大的无形资产和品牌收益，同时为 2014 年全新版本的顺利畅销奠定了强大基础。

综上，王国伟为此所做的一系列编辑工作和努力，为《文化苦旅》能够畅销不衰打下了坚实的基础。而一本非同凡响的畅销书背后，必然会有一位独具慧眼的编辑。因此，编辑要不断提高自身的文化修养和专业能力，保持敏锐的眼光和畅销嗅觉，才会创造更多的可能。

（三）独特的营销手段

1. 全面而持续的宣传

《文化苦旅》的出版首发仪式便不俗，选在了上海南京东路新华书店。

当时的上海南京东路新华书店不但是上海，可能还是全国最大的书店。而"图书首发仪式"在当时也是新鲜事，除非是重点图书，一般不会如此兴师动众。如此来看，高规格的首发式确实为《文化苦旅》的营销定下了基调。仪式上，出版社约请了《人民日报》《新华社》《光明日报》《解放日报》《文汇报》《新民晚报》、中央电视台、上海电视台等50多家京沪重要媒体集中采访报道。首发仪式后的发行效果非常好，不到三个月，首印的10 000册就已经售罄，随后快马加鞭加印了10 000册。但《收获》副主编程永新谈到，王国伟的领导说起过，《文化苦旅》在一年多的时间里，卖得并不好，印了两万多册，剩下一万多册的库存。着急之余，便拉着余秋雨在全国各地举行签名售书会。之后，书的销量才开始有了起色，后来才呈现一发不可收拾的盛况。但不可忽视的是，大规模签名售书建立在本书已有一定知名度的基础，因而能得以顺利进行和发酵。由此可见，营销活动必须贯穿整个前期造势、中期蓄力、后续良性跟进等全过程，才可使销售热度久增不减。

此后，《文化苦旅》继续利用各种媒体和宣传传播渠道，不断地进行推广宣传。其中，邀请多名作家、教授、学者撰写的书评、读后感及推荐语，给《文化苦旅》带来了重大的声誉。在近五年的时间内，累计进行了组织书评、新闻报道、读书随笔、讲座报告等各种形式的、约有数百篇（次）媒体报道等宣传活动。随着媒体传播的不断扩大和升级，销售也快速拓展，功夫不负有心人，《文化苦旅》逐渐露出了畅销势头。

《文化苦旅》真正保持长期畅销是在进入了学校之后，尤其是中学。出版方在营销过程中捕捉到了一个重要的信息：有不少中学生写了读后感，并寄回出版社进行反馈，许多中学语文教师也十分偏爱《文化苦旅》，甚至将其列为学生课外必读书。因此，营销的重点逐步调整到了教育部门和学校。首先是利用多种渠道，向教育部门推荐，使不少篇章顺利被选入各类语文教材，进一步扩大了本书影响力。而有的学校，则开展定期交流阅读心得、写读书笔记等活动。如此一来，随着师生的日渐追捧，稳定的购买群体便逐渐形成，《文化苦旅》才成了真正意义上的畅销书。

2. 舆论渲染与事件营销

在《文化苦旅》火热畅销的背后，铺天盖地的盗版书接踵而至。连续几年，除了京沪等大城市，其余各地市场中基本都充斥着本书的盗版。甚至有不少外地读者拿着盗版书求签名。然而，盗版书在对出版社带来了一系列惨重损失的同时，也从反面进一步证明了这是一本不折不扣的畅销书，也间接地对图书营销起到了宣传作用。

从作者自身的社会影响力来看，余秋雨有着"高教精英""国家级突出贡献专家""文化名人"等头衔，还曾多次担任青歌赛评委，在对选手文化试题的表现进行点评的同时，也展示了自己对于中国文化的理解，再度提升了自己的公众形象和文化地位。青歌赛开播以来，热点逐渐从较少的戏剧亮点转移到选手接受专家的考试上，网友开始近乎吹毛求疵地捕捉余秋雨的差错。其间网络上关于青歌赛的新闻，多半跟余秋雨及其口误相关。这些文化现象，对于余秋雨本人的文化散文作品而言，着实为之增加了一定的讨论度及营销热度。

作为读者，我们需要始终保持客观、冷静而又理性的文化思考和判断力。无论是《文化苦旅》抑或其他作品，我们都应用心去体会作者笔下的文字给自己带来的真实感受，而不是盲目地不加思考就被牵扯到某种舆论旋涡中，为某些别有用心的人所利用。而时间自是检验一切的最公正利器。《文化苦旅》能够至今长销不衰，也正反映出更多读者对其质量的认可和肯定，而余氏散文以其别具一格的魅力和风韵，为当代许多读者带来了独特的文艺美学体验，并影响着其语言表达风格和表现形式。在文化产品竞争日益激烈的市场格局之下，我们期待着《文化苦旅》能够继续书写它的畅销故事，传承它所蕴含的文化气质与中华文化价值。

四、精彩阅读

我们这些人，为什么稍稍做点学问就变得如此单调窘迫了呢？如果每宗学问都要以生命的枯萎为代价，那么世间学问的最终目的又是什么？如果知识文明总是给人们带来沉重的身心负担，那么再过千百年，人类不就要被压得喘不过气来？如果精神和体魄总是矛盾，深邃和青春总是无缘，学识和游戏总是对立，那么，何时才能问津人类一直苦苦企盼的自身健全？

我站在古人一定站过的地方，用先辈同样的黑眼珠打量着差不多的自然景观，静听着与千百年前没有丝毫差异的风声鸟声，产生了一种特别的感觉。在我居留的大城市里，有很多图书馆和大学，以前总把他们看作文化的贮存地。现在才明白，中国文化的真实步履，贮存在这山重水复、莽莽苍苍的大地上。大地默默无言，只要来一两个，有悟性的文人一站立，它封存久远的文化内涵，也就能哗的一声奔泻出；文人本也萎靡柔弱，只要被这种奔泻所裹卷，倒也能吞吐千年。

——节选自《原版初序》第 01～02 页

在读了很多很多书，经历了很多很多灾难之后，我终于蓦然醒悟，发现一切文化的终极基准，人间是非的最后衡定，还是要看山河大地。说准确一点，要看山河大地所能给予的生存许诺。

再宏大的权力也留不住，只剩下与之相关的无言山河。陆游说："细雨骑驴入剑门。"剑门是权力地图中的千古雄关，这样的雄关在中国成百上千。但消解他们的，只是雨，只是驴，只是征尘，只是酒痕。英雄史诗也会变成文字存之于世，顾炎武说："长江《汉书》挂牛角。"你看，足以包容千般评述、万般赞美的堂堂汉代，也就这么晃荡在牛角上了。那牛，正走在深秋黄昏的山道间。山河间的实际步履，使一切伟业变成了寻常风景，因此也使我们变得轻松。人类本应把一切都放下，放下在山河之间。因此我们也就找到了终点，价值的终点和生命的终点，这终点曾被陶渊明准确地表述过："托体同山阿。"

——节选自《我的山河》第 42、48 页

接下来应该是我非常向往的魏晋南北朝了：青褐的色泽依然浑厚，豪迈的笔触如同剑戟。中原一带有那么多潇洒的名士傲视着乱世，此时，洞窟里也开始出现放达之风，连菩萨也由粗短身材变得修长活泼。某些

形象,一派秀骨清相,甚至有病态之美,似乎与中原名士们的趣味遥相呼应。

——节选自《莫高窟》第66页

夕阳下的绵绵沙山是无与伦比的天下美景。光与影以最畅直的线条进行分隔,金黄和黛赭都纯净的毫无斑驳,像用一面巨大的筛子筛过了。日夜的风,把风脊、山坡塑成波荡,那是极其款曼平适的波,不含一丝涟纹。

我胡乱想着,随即又愁云满面。怎么走近它呢?我站立峰巅,它委身山底。向着它的峰坡,陡峭如削。此时此刻,刚才的攀登,全化成了悲哀。向往峰巅,向往高度,结果峰巅只是一道刚能立足的狭地。不能横行,不能直走,只享一时俯视之乐,怎可长久驻足安坐?上已无路,下又艰难,我感到从未有过的孤独与惶恐。世间真正温煦的美色,都熨帖着大地,潜伏在深谷。君临万物的高度,到头来只构成自我嘲弄。我已看出了它的讥谑,于是急急地来试探下削的陡坡。

茫茫沙漠,滔滔流水,于世无奇。唯有大漠中如此一湾,风沙中如此一静,荒凉中如此一景,高坡后如此一跌,才深得天地之韵律,造化之机巧、让人神醉情驰。以此推演、人生、世界、历史,莫不如此。给浮嚣以宁静,给躁急以清冽,给高蹈以平实,给粗犷以明丽。唯其这样,人生才见灵动,世界才显精致,历史才有风韵。

——节选自《沙原隐泉》第72~74页

我在望不到边际的坟堆中茫然前行,心中浮现出艾略特的《荒原》。这里正是中华历史的荒原:如雨的马蹄,如雷的呐喊,如注的热血。中原慈母的白发,江南春闺的遥望,湖湘稚儿的夜哭。故乡柳荫下的诀别,将军圆睁的怒目,凛凛于朔风中的军旗。随着一阵烟尘,又一阵烟尘,都飘散远去。我相信,死者临亡时都是面向朔北敌阵的;我相信,他们又很想在最后一刻回过头来,给熟悉的土地投注一个目光。于是,他们扭曲地倒下了,化作沙堆一座座。

即便是土墩、石城,也受不住见不到诗人的寂寞。阳关坍弛了,坍弛在一个民族的精神疆域中。它终成废墟，终成荒原。身后，沙如潮；身前，寒峰如浪。谁也不能想象，这儿，一千多年之前曾经验证过人生旅途的壮美、艺术情怀的宏广。

——节选自《阳关雪》第76、78页

周围的部落，仍然未脱游牧习性，因此与渤海国形成了巨大的反差。反差带来了羡慕与趋附，但在羡慕和趋附背后，却藏着强烈的嫉妒和仇恨。九世纪前期的渤海国器宇轩昂，但包围着它的，却是大量越来越闪烁的目光。它拥挤的街道太刺激那些渴望人烟的马蹄了，它显赫的名声太撩拨那些企盼成功的山民了，它如潮的财宝太吸引那些背囊寒薄的骑手了。

——节选自《废井冷眼》第92页

然而，这种精彩也容易给人造成误会，以为这一切都是天造地设，本来就应该这样。很少有人想到，全部精彩都维系在一条十分脆弱的生态茎脉上，就像一条摇摆于污泥间的荷枝，支撑着田田的荷叶、灿烂的荷花。为了救护这条时时有可能折断的生态茎脉，曾经有多少人赤脚苦斗在污泥塘里。

——节选自《杭州宣言》第100页

我相信一切文化良知都会在这里战栗。中国几千年间有几个像苏东坡那样可爱、高贵而有魅力的人呢？但可爱、高贵、魅力之类往往既构不成社会号召力也构不成自我卫护力，真正厉害的是邪恶、低贱、粗暴，它们几乎战无不胜、攻无不克、所向无敌。现在，苏东坡被它们抓在手里搓捏着——越是可爱、高贵、有魅力，搓捏得越起劲。温和柔雅如林间清风、深谷白云的大文豪，面对这彻底陌生的语言系统和行为系统，不可能作任何像样的辩驳。他一定变得非常笨拙，无法调动起码的言辞，无法完成简单的逻辑推断。他在牢房里的应对，绝对比不过一个普通的盗贼。

成熟是一种明亮而不刺眼的光辉，一种圆润而不腻耳的音响，一种不再需要对别人察言观色的从容，一种终于停止向周围申述求告的大气，一种不理会哄闹的微笑，一种洗刷了偏激的淡漠，一种无须声张的厚实，一种并不陡峭的高度。勃郁的豪情发过了酵，尖利的山风收住了劲，湍急的溪流汇成了湖，结果——引导千古杰作的前奏已经鸣响，一道神秘的天光射向黄州,《念奴娇·赤壁怀古》和前、后《赤壁赋》马上就要产生。

——节选自《黄州突围》第 109、114 页

他聚敛的金银如山似海,但当辽东起事、朝廷束手无策时问他要钱,他死也不肯拿出来,最后拿出一个无济于事的小零头,竟然都是因窖藏太久变黑发霉、腐蚀得不能见天日的银子!这是一个失去了人格支撑的心理变态者,但他又集权于一身,明朝怎能不垮?他死后还有后代继位,但明朝已在他的手里败定了。康熙与他正相反,把生命从深宫里释放出来,在旷野、猎场和各个知识领域挥洒,避暑山庄就是他这种生命方式的一个重要吐纳点。

今天,我面对着避暑山庄的清澈湖水,却不能不想起王国维先生的面容和身影。我轻轻地叹息一声:一个风云数百年的朝代,总是以一群强者英武的雄姿开头,而打下最后一个句点的,却常常是一些文质彬彬的凄怨灵魂。

——节选自《山庄背影》第 121、128 页

文明可能产生于野蛮,却绝不喜欢野蛮。我们能熬过苦难,却绝不赞美苦难。我们不害怕迫害,却绝不肯定迫害。部分文人之所以能在流放的苦难中显现人性、创建文明,本源于他们内心的高贵。他们的外部身份可以一变再变,甚至终身陷于囹圄,但内心的高贵却未曾全然销蚀。这正像有的人,不管如何追赶潮流或身居高位,却总也掩盖不住内心的卑贱一样。

毫无疑问,最让人动心的是苦难中的高贵,最让人看出高贵之所以高贵的,也是这种高贵。凭着这种高贵,人们可以在生死存亡线的边缘上吟诗作赋,可以用自己的一点温暖去化开别人心头的冰雪,继而可以用屈辱之身去点燃文明的火种。他们为了文化和文明,可以不顾物欲利益;不顾功利得失,义无反顾,一代又一代。

——节选自《宁古塔》第 141 页

这里就出现了一个深刻的悖论。本来,人类是为了摆脱粗粝的自然而走向文明的。文明的对立面是荒昧和野蛮,那时的自然似乎与荒昧和野蛮

紧紧相连。但是渐渐发现，事情发生了倒转，拥挤的闹市可能更加荒昧，密集的人群可能更加野蛮。

与贫困与混乱相比，我们一定会拥有富裕和秩序，但更重要的，是美丽和安适，也就是哲人们向往的"诗意地栖居"。我预计，中华文明与其他文明的比赛，也将在这一点上展开……孔子会说，我历来主张有节制的愉悦，与天和谐；墨子会说，我的主张比你更简单，反对任何无谓的耗费和无用的积累；荀子则说，人的自私会破坏世界的简单，因此一定要用严厉的惩罚把它扭转过来……微笑不语的是老子和庄子，他们似乎早就预见一切，最后终于开口：把文明和自然一起放在面前，我们只选自然。世人都在熙熙攘攘地比赛什么？要讲文明之道，唯一的道就是自然——这就是说，中国文化在最高层面上是一种做减法的文化，是一种向往简单和自然的文化。正是这个本质，使它节省了很多靡费，保存了生命。

——节选自《鱼尾山屋》第202~203页

既然提到了"菩萨"，那也就在人格形象上明确了修行的方向。其实，我们在很多庙宇、石窟中见到的菩萨造像，也都是这样的神貌：不在乎外界，不在乎信息，不在乎区别，不在乎历史，不在乎未来，不在乎争斗，不在乎挑战，不在乎任何外在的形态和内在的执着。上下前后全看空，万般名物全看破，以自如、自由、自在之心，处理一切不测和灾祸，化解一切恐惧和苦厄，度化一切迷惘众生，一起解脱。

——节选自《写经修行》第240页

五、参考文献

[1] 瑞文网.余秋雨简介[EB/OL].(2018-01-27)[2020-04-26]. http://www.ruiwen.com/wenxue/yuqiuyu/4145.html.

[2] 余秋雨.余秋雨散文集[M].太原：北岳文艺出版社，2010.

[3] 余秋雨重修《文化苦旅》书中名篇或将改编电影[EB/OL].(2014-02-27)[2020-04-26].https://www.baidu.com/link?url=y6UYxUSQchJfAczuoYS-rWa_1FRke4hEY4Fytu4ATyCZ_QTpyA6-RgzLf9z1emAe3QSeEX86EGwK1nGH

z03QKHaGMIWTAiiOD5x1ZtiFbEqmAIBAD4m1KJuFZFIgXYLC&wd=&eqid=e81e557700032ede000000025f13d0d8.

[4] 代玮.《文化苦旅》缘何畅销？[J]. 出版参考，2014（4）：33-34.

[5] 王国伟.《文化苦旅》出版前后的风风雨雨[EB/OL].（2016-03-24）[2020-04-27].http://blog.sina.com.cn/s/blog_54c39ff90102w42c.html.

[6] 王国伟.我和余秋雨的交往与误解[EB/OL].（2013-11-21）[2020-04-28].http://www.infzm.com/contents/96105.

《撒哈拉的故事》

李文巧

一、图书基本信息

（一）图书介绍

书名：《撒哈拉的故事》

作者：三毛

开本：32 开

字数：220 千字

定价：35 元

书号：978-7-5302-1478-7

出版社：北京十月文艺出版社

出版时间：2017 年 3 月

（二）作者简介

三毛，中国现代作家，汉族，浙江舟山人。1943 年三毛出生于重庆黄角，父亲给她取名陈懋平（后改名为陈平）。1948 年，三毛随父母迁居台湾，曾就读"中国文化大学"哲学系。1967 年三毛赴西班牙留学，后去德国、美国等。1973 年，三毛定居撒哈拉沙漠并和荷西结婚，婚后定居西属撒哈拉沙漠加纳利岛，并以当地的生活为背景，创作了《撒哈拉的故事》这部作品。1981 年三毛回到台湾，以写作、演讲为重心；1991 年 1 月 4 日在医院去世，享年 48 岁。

只因在《美国地理杂志》上看到了一组撒哈拉沙漠的照片，三毛便决定去寻找那"属于前世回忆似的乡愁"。她义无反顾地奔赴沙漠，《撒哈拉的故事》就从这里开始。这本书记录了三毛和荷西 1973—1975 年在撒哈拉生活的点点滴滴。第一部作品集《撒哈拉的故事》于 1976 年 5 月正式出版发行。从此"三毛热"一发不可收拾。"流浪文学"更成为一种文化现象！

二、畅销盛况

三毛的文字风靡一时，国内多家出版社也先后多次出版过三毛的作品。《撒哈拉的故事》这部作品堪称流浪文学的经典之作，持续畅销四十余年依然热度不减。北京十月文艺出版社是出版过最多版本《撒哈拉的故事》的出版社，此书也是三毛系列中最为畅销的一本。这本书是三毛真正的好作品，自问世来就受到人们的广泛关注，当时在报纸连连载出，译成十多国文字，在台北一版再版。中国大陆有过三次"三毛热"，第一次大约是在 20 世纪 80 年代初期，改革开放不久；第二次是在 1989 年 4 月，三毛首度返回大陆探亲；第三次是三毛 1991 年 1 月 4 日自杀身亡。

20 世纪 80 年代初，三毛作品被介绍到中国大陆，国内多家出版社陆续推出她的作品，各文艺、文学、艺术报刊纷纷介绍三毛。截至 2006 年，大陆共出版了三十几种三毛作品选编。三毛的散文一经问世，就引起读者的强烈反响。其中的很多本书均连续再版多次。中国友谊出版公司、湖南文艺出版社、陕西旅游出版社、鹭江出版社、广东旅游出版社等都出版了三毛文集。三毛作品给千千万万读者带来了无限遐想。

2007 年，北京十月文艺出版社取得了《撒哈拉的故事》在中国大陆地区的合法出版权。北京十月文艺出版社，曾经先后出版了四个版次的《撒哈拉的故事》，目前已经更新到 2017 年 3 月的第四版。新经典 2017 年上市时，新经典华语文学发行量前 5 的书里面三本都是三毛的作品，其中《撒哈拉的故事》是销量最好的一本书，累计发行量达到了 294.77 万册，并且被选入教育部推荐中学生必读书目，至今依然活跃在各大文学畅销榜的热销名单上。

三、畅销攻略

（一）三毛作品自身的魅力

《撒哈拉的故事》是三毛最具代表性的一本散文集，这部作品之所以引起巨大的轰动，并且可以持续畅销四十余年离不开引人入胜的作品题材、平实却富含深意的语言、独特的人格魅力、丰富的精神世界。

1. 作品题材引人入胜

《撒哈拉的故事》是三毛的代表作品之一，也是流浪文学的经典之作。流浪文学最大的特点是可以放下尘世的羁绊与牵挂，前往远方追求心灵的放逐，肉体的解放，这一特性使流浪文学极具魅力，吸引了一代又一代的读者。

不记得在哪一年，三毛无意中翻到了一本美国的《国家地理》杂志，那期杂志里面，正好在介绍撒哈拉。三毛只看了一遍，就回忆起那不能解释的、属于前世记忆似的乡愁，然后就莫名其妙地将自己毫无保留地交给了那片陌生的土地。为着这份说不清道不明的乡愁，她毅然决然地选择去沙漠生活。

三毛第一次来撒哈拉的时候，曾这样评价这座沙漠："如梦幻又如鬼魅似的海市蜃楼，连绵平滑温柔得如同女人胴体的沙丘，迎面如雨似的狂风沙，焦烈的大地，向天空伸长着手臂呼唤嘶叫的仙人掌，千万年前枯干了的河床，黑色的山峦，深蓝到冻住的长空，满布乱石的荒野……这一切的景象使我意乱神迷，目不暇接。"三毛深爱这片大地，在她的内心深处，撒哈拉沙漠，就是她内心深处的梦中情人。

三毛的旅行从来都不仅仅是地理上的奇观，三毛终其一生都在寻找心灵的目的地，始终在追求精神归宿。她的旅行是哲思性和灵性层面的，这些对今天的人们也极具启发意义。当今，获取信息和交通出行都愈来愈便利了，人们似乎却有了更多的羁绊，想要看世界的想法愈发强烈，去过的地方很多，但心却好像一直都停留在原地。可三毛是多么自由呀，她给那么多向往自由的人以信念。正如南方朔评论的那样，像三毛这样的女子，只身到人们并不熟悉的远方去流浪，而且她在流浪的剖白里，充斥着那种似真似幻的爱情表现，这使三毛在流浪、才情以外又多了爱情这个最为重要的元素。你可能没看过三毛的书，但是你肯定听说过三毛和荷西的爱情故事。

2. 创作中的语言艺术

通过《撒哈拉的故事》的创作，我们可以看到三毛那独特的属于自己的创作文体。该书中每一篇文章都不求深刻，这就是很多人思考的，为什么朴素通俗的词汇在她的笔下可以如此闪烁着光芒。三毛用语朴素平实、浅显易懂，该书中很难找到生冷怪僻的字眼和拖沓繁长的句子，用词简单，却十分幽默讨喜，蕴含着智慧的光芒。

《撒哈拉的故事》中的语言是具有三毛特色的。这源于作者能够对语言进行创造性地运用。三毛有着深厚的文学功底，但是她又可以生动形象地，以一种通俗而又生活化的语言表达出来，十分耐人寻味。本书中她用清新自然的语言真实而具体地对人物动作进行白描，或用精练的对话来还原当时的场景，以她细腻、敏锐、准确的感知力，准确把握住写作对象的特点并注入自己独特的感受，这样，三毛的文字就有了一种令读者忘我而入境的感染力。所以，读《撒哈拉的故事》，仿佛是在与三毛进行一次心灵对话，好似在听朋友讲述动人的故事、深刻的感悟、时而无羁的快乐，令人如入其境。

三毛的散文语言通俗浅显，全篇几乎找不到一个生字，正如三毛自己所说："我的文字很浅，小学四年级的孩子就可以看，一直看到老先生的。"但是这么简单通俗的文字却表达了十分丰富的内容，整部作品节奏自然，给人一种朴实清新、通俗自然、俗中透雅的感觉，让人忍不住一口气读完。

三毛在进行文学创作时也运用了很多修辞手法，简单却又十分生动，充分地调动了读者的想象空间，使读者能够跟随她一起，带领读者进入三毛的世界，给人一种身临其境之感。同时，这些修辞手法的选用又十分注重对语境的适应。但是她却没有刻意的运用一些格式技巧，她的表达都很随性，正如她自己所提倡的写作观那样："我手写我的口，以我的口，表达我的心声"。

《撒哈拉的故事》散文集里面的每篇散文的开头几乎都有一个语言环境限定了整篇文章的语调、环境、氛围。在这样的限定下，散文的语言表达受到了一定限制。例如，《素人渔夫》这篇描写的是三毛和丈夫荷西在经济周转不灵的情况下，为了维持生计，自己下海捕鱼的事情，这也是夫妻俩柴米油盐酱醋茶平凡生活中的一些幽默风趣之处的再现。在这样的环境的限定下，这篇文章的整个故事情节都是围绕着夫妻的对话展开的，采用一种平和轻快、率性浪漫的表达方式。再如《哭泣的骆驼》，整体上都是一种极度悲凉的氛围，这里就不能适用一种明快、欢乐的表达方式，否则就与整篇文章的基调不适应，三毛在此就巧妙地运用映衬的表达手段，通过对周围景物的一种凄凉感的细致描绘，烘托了游击队领袖巴西里被自己人出卖，他的妻子沙伊达，那个受过高度文明教育的可爱迷人的沙漠女子，却被诬蔑，说她出卖了她自己的丈夫而被欺凌至死的无限悲凉。

3. 作者独特的人格魅力

在《撒哈拉的故事》中，三毛独特的人格魅力深深吸引着读者。人们常说"美丽的皮囊千篇一律，有趣的灵魂万里挑一"。三毛就有着这样一颗万里挑一的灵魂，她的率性洒脱，她的特立独行，她的多愁善感，她的敏感细腻，她对自由的追寻，她对美好事物的向往，她对生活的热爱，以及她骨子里的平凡简单、坚定隐忍、热情奔放、豁达率真的性格为她的人生和作品增添了永恒的魅力，这一点在书中许多篇散文中都能体现。

三毛拥有孩子一般的想象力，她有一次为荷西做了粉丝煮鸡汤，但荷西是西班牙人，没见过粉丝，便问是什么。三毛回答说是"雨"，然后信口开河："是春天下的第一场雨，下在高山上，被一根一根冻住了，山胞扎好了背到山下来一束一束卖了换米酒喝，不容易买到哦！"在三毛和荷西结婚的时候，没有婚礼没有婚纱，甚至没有花，就穿了件淡蓝细麻布的旧衣服，一双凉鞋，戴顶草帽，帽子上别了一把香菜。没有车子，与荷西在沙漠中徒步走了四十分钟，去镇上结婚。漫漫黄沙里，三毛不感觉疲倦，却觉得傍晚的沙漠美丽极了。荷西歉疚地说："你也许是第一个走路结婚的新娘。"三毛却感叹："我倒是想骑匹骆驼呼啸着奔到镇上去，你想那气势有多雄壮，可惜得很。"

三毛的一生虽然短暂，但是却足够美丽、足够轰轰烈烈、跌宕起伏。她是极单纯的，也是极浪漫的，她知道自己想要什么，她活得很通透。她是一个真正懂得生活含义及生命意义的人，她让我们认真感受生活，倾听来自内心深处的声音。她文字中的"漂泊"与现实中的"流浪"早已融为一体，构筑了她灵魂中的浪漫主义情调与天涯情怀。这样的三毛，又让人如何不爱呢？

4. 积极向上的人生理念

黑格尔在其著作《美学》第Ⅰ卷中说过："在艺术里，感性的东西是经过心灵化了，而心灵的东西也借感性化而显现出来了。"本书生动地为我们描述了三毛极富色彩与浪漫的沙漠生活及其对生命意义、灵魂皈依的探索与思考，带领读者进行了一次深入的心灵之旅，传递出了一种积极向上的人生理念。

（1）热爱生活，富有情趣。三毛用捡来的包棺材的外壳制作桌子；用绿色的塑料水瓶做花盆；把旧的轮胎捡回来做舒服的沙发……这些生活的小情趣在《白手起家》中展现得淋漓尽致。三毛也在文中说明——"我实在是一个很懂得幽默生活的人，这些垃圾竟也被我当成了宝贝，把它们一个一个收回来重新利用，反而美不胜收……生命的过程，无论是阳春白雪，青菜豆腐，我都得尝尝是什么滋味，才不枉来走这么一遭啊！（其实，青菜豆腐都尝不到。）"三毛把生命中可能经受到的欢喜悲伤比作"阳春白雪"和"青菜豆腐"，这种比喻充满了一种洒脱的幽默。这轻快明朗的笔调让沙漠中枯燥乏味的生活一下子变得生机勃勃，括号中的自嘲也更让读者感受到三毛的诙谐和感染力，领悟到她的一份人生智慧。

（2）勇敢坚强，充满爱心。《白手起家》一章中环境的恶劣并没有浇灭三毛内心对撒哈拉的渴望，使她在如此艰难的环境中仍能饱含对生活的热情。住的房子没有顶，自己修；没有淡水，自己扛；没有煤气了，自己换。家里的墙，白天是烫手的，晚上是冰凉的。电，也是运气好的时候才来。在《悬壶济世》里，因为面对当地人的病痛她无法做到视而不见、听而不闻，于是她用黄豆治疖子，用维生素来治营养不良，用葡萄酒使母羊生产后残留的胎盘脱落，用指甲油来帮人修补牙齿。三毛在撒哈拉沙漠期间，对身边的每一个人充满善意，无论是周围的邻居还是处于社会底层人，她都能够以尊重和友善的姿态对待。

（3）善于探索，敬畏未知。三毛跑到海边去看女人洗澡，差点被人追打；去来回两百四十多里外的沙漠找化石，导致荷西陷在流沙里面差点没命；去一百多千米以外的海边，在悬崖下捕鱼……在《收魂记》里，三毛带着照相机游走在大漠，面对落后的观念与愚昧的思想。在《死果》里，当面对亲身经历的身体苦痛后，她意识到能做的只是对自然的敬畏，然后继续坦然地生活。

（二）营销策略

1. 重新定位受众，打造品牌效应

《撒哈拉的故事》是新经典出品的图书，新经典在业内的知名度和美誉度非常高。新经典十五年来，以专业精神，为读者奉献出一部又一部精品杰作，创造了一个又一个奇迹，但细心观察后可以发现，每一个传奇背后都蕴含了"梦想、耐心、快速行动"。在获得三毛作品的独家版权后，新经典组织专家、书店店员、读者对作品经过多次研读、讨论，认为三毛的作品区别于传统意义上的经典名著。她自身传奇的经历、她对梦想的激情、对心灵自由的探求，都是当下年轻读者非常向往的。新经典认为，三毛的作品是给年轻人看的，是年轻人对无法实现的梦想的一种寄托。基于此，编辑团队对其进行了全新定位，于是将三毛所有作品打乱，重新组合，按照三毛一生的重要阶段，将其作品精选集成《雨季不再来》《撒哈拉的故事》《温柔的夜》《梦里花落知多少》《万水千山走遍》《送你一匹马》《亲爱的三毛》《我的宝贝》《滚滚红尘》《流星雨》《你是我不及的梦》《兰屿之歌》《清泉故事》《刹那时光》等十四卷。

2. 装帧设计精美用心

书籍的装帧设计与一本书的销量密切相关，好的设计可以给人以美的感受，吸引读者的阅读兴趣，不会让好的作品蒙尘。北京十月文艺出版社共出版过四个版本的《撒哈拉的故事》，每一个版本的封面都是精心设计而成的，每一个版本都有自己的特色，如2011年版的图书装帧也一改通常经典图书的思路，三毛系列作品封面选图更被业内视为一个传奇。据了解，当时三毛作品的封面设计方案不下三十种，但始终不能让人满意，项目由此停滞长达7个月。也许是编辑们的诚意感动了上苍，当法国画家卢梭的一幅画作无意间来到大家面前时，一群人几乎同时高喊：就是它！巧合的是，几年后，当编辑在整理三毛老照片时，猛然发现，三毛在加那利群岛的家里挂的画，竟然就是《撒哈拉的故事》封面选图。而在最新一版中采用的是金黄色作为图书的封面，不仅与沙漠的颜色相呼应，也给人一种积极阳光的感觉。封面上的石像是三毛花了一千块在坟场从一个撒哈拉老人手里买来的，她将它们视若珍宝，老人追上来时她还怕石像被抢走，结果老人往她怀里又塞了两只鸟的石像。封面下方的花纹是沙棘———一种能在沙漠中生存的植物，颜色艳丽，象征着生命和活力。封面简单却富有童趣，和三毛的个性一样，并且更加吸引青少年读者：如梦如幻的封面、精美的装帧，尤其全新的阐释与解读……新版三毛面市之后，不仅无数老读者将其作为珍品收藏，更使年轻人开始重新发现三毛作品的魅力。

3. 把握读者需求，全方位立体营销

如今，社交平台兴起，使人们更加乐于分享生活，分享快乐。大家喜欢将自己的生活和感受在社交平台上发布出来，展现自己的同时获得别人的认同。在晒文化兴起的当下，撒哈拉的故事和生活理念俨然成为当代年轻人所向往的生活，而三毛依然是我们心中那个特立独行，自由洒脱的文学偶像。

同时利用名人效应，提高作品的知名度。齐豫演唱过由三毛作词的多首作品。1985年，滚石唱片发行了由齐豫和潘越云演唱的《回声——三毛作品第15号》。在文艺青年聚集区的豆瓣上，《撒哈拉的故事》的评分都在九分以上，好评如潮。读者们在豆瓣读书上发表书评，交流分享心得体会。在微博和一些微信公众号上进行评论抽奖送书等活动。以社群关系举办读书交流会策划一系列线上线下的相关主题活动，邀请读者分享自己的旅行故事。这些无一不促成了这本书的畅销。

许多知名人物也非常喜欢这部作品，经常在社交平台上表达对三毛及此书的喜爱。作家贾平凹曾说："年轻、坚强而又孤独的三毛对于大陆年轻人的魅力，任何局外人作任何想象来估价都是不过分的。"蒋方舟、张晓风等作家也都表示对三毛的文字及生活方式向往和认同。这些具有高知名度的人有很大的粉丝群体，利用粉丝经济的效益，产生了一定的影响力，有效地促进了本书的宣传。

四、精彩阅读

其实母亲寄来的东西，要开"中国饭店"实在是不够，好在荷西没有去过台湾，他看看我这个"大厨"神气活现，对我也生起信心来了。

第一道菜是"粉丝煮鸡汤"。荷西下班回来总是大叫："快开饭啊，要饿死啦！"白白被他爱了那么多年，回来只知道叫开饭，对太太却是正眼也不瞧一下，我这"黄脸婆"倒是做得放心。话说第一道菜是粉丝煮鸡汤，他喝了一口问我："咦，什么东西？中国细面吗？""你岳母万里迢迢替你寄细面来？不是的。""是什么嘛？再给一点，很好吃。"我用筷子挑起一根粉丝："这个啊，叫作'雨'。""雨？"他一呆。我说过，我是婚姻自由自在化，说话自然心血来潮随我高兴。"这个啊，是春天下的第一场雨，下在高山上，被一根一根冻住了，山胞扎好了背到山下来一束一束卖了换米酒喝，不容易买到哦！"荷西还是呆呆地、研究性地看看我，又去看看盆内的"雨"，然后说："你当我是白痴？"我不置可否。"你还要不要?"回答我:"吹牛大王,我还要。"以后他常吃"春雨",到现在不知道是什么东西做的。有时想想荷西很笨,所以心里有点悲伤。

第二次吃粉丝是做"蚂蚁上树",将粉丝在平底锅内一炸,再撒上绞碎的肉和汁。荷西下班回来一向是饿的,咬了一大口粉丝:"什么东西?好像是白色的毛线,又好像是塑胶的?""都不是,是你钓鱼的那种尼龙线,中国人加工变成白白软软的了。"我回答他。他又吃了一口,莞尔一笑,口里说着:"怪名堂真多,如果我们真开饭店,这个菜可卖个好价钱,乖乖!"那天他吃了好多尼龙加工白线。第三次吃粉丝,是夹在东北人的"合子饼"内与菠菜和肉绞得很碎当饼馅。他说:"这个小饼里面你撒了鲨鱼的翅膀对不对?我听说这种东西很贵,难怪你只放了一点点。"我笑得躺在地上。"以后这只很贵的鱼翅膀,请妈妈不要买了,我要去信谢谢妈妈。"我大乐,回答他:"快去写,我来译信,哈哈!"

等有一天他快下班了,我趁他忘了看猪肉干,赶快将藏好的猪肉干用剪刀剪成小小的方块,放在瓶子里,然后藏在毯子里面。恰好那天他鼻子不通,睡觉时要用毛毯,我一时里忘了我的宝贝,自在一旁看那第一千遍《水浒传》。他躺在床上,手里拿个瓶子,左看右看,我一抬头,不得了,"所罗门王宝藏"被他发现了,赶快去抢,口里叫着:"这不是你吃的,是药,是中药。""我鼻子不通,正好吃中药。"他早塞了一大把放在口中,我气极了,又不能叫他吐出来,只好不响了。"怪甜的,是什么?"我没好气地答他:"喉片,给咳嗽的人顺喉头的。""肉做的喉片?我是白痴啊?第二天醒来,发觉他偷了大半瓶去送同事们吃,从那天起,只要是他同事,看见我都假装咳嗽,想再骗猪肉干吃。

反正夫妇生活总是在吃饭,其他时间便是去忙着赚吃饭的钱,实在没多大意思。有天我做了饭卷,就是日本人的"寿司",用紫菜包饭,里面放些肉松。荷西这一下拒吃了。"什么?你居然给我吃印蓝纸、复写纸?"我慢慢问他:"你真不吃?""不吃,不吃。"好,我大乐,吃了一大堆饭卷。"张开口来我看!"他命令我。"你看,没有蓝色,我是用反面复写纸卷的,不会染到口里去。"反正平日说的是唬人的话,所以常常胡说八道。"你是吹牛大王,虚虚实实我真恨你,从实招来,是什么吗?""你对中国完全不认识,我对我的先生相当失望。"我回答他,又吃一个饭卷。他生气了,用筷子一夹夹了一个,面部大有壮士一去不复返的悲壮表情,咬了半天,吞下去。是了,是海苔。"我跳起来,大叫:"对了,对了,真聪明!"又要跳,头上吃了他一记老大爆栗。

中国东西快吃完了,我的"中国饭店"也舍不得出菜了,西菜又开始上桌。荷西下班来,看见我居然在做牛排,很意外,又高兴,大叫:"要半生的。马铃薯也炸了吗?"连给他吃了三天牛排,他却好似没有胃口,切一块就不吃了。"是不是工作太累了?要不要去睡一下再起来吃?""黄脸婆"有时也尚温柔。"不是生病,是吃得不好。"我一听噢一下跳起来。"吃得不好?吃得不好?你知道牛排多少钱一斤?""不是的,太太,想吃'雨',还是岳母寄来的菜好。""好啦,中国饭店一星期开张两次,如何?你要多久下一次'雨'?"

有一天荷西回来对我说:"了不得,今天大老板叫我去。""加你薪水?"我眼睛一亮。"不是——"我一把抓住他,指甲掐到他肉里去。"不是?完了,你给开除了?天啊,我们——""别抓我嘛,神经兮兮的,你听我讲,大老板说,我们公司谁都被请过到我家吃饭,就是他们夫妇不请,他在等你请他吃中国菜——大老板要我做菜?不干不干,不请他,请同事工友我都乐意,请上司吃饭未免太没骨气,我这个人啊,还谈些气节,你知道,我——"我正要大大宣扬中国人的所谓骨气,又讲不明白,再一接触到荷西的面部表情,这个骨气只好哽在喉咙里啦!

第二日他问我:"喂,我们有没有笋?""家里筷子那么多,不都是笋吗?"他白了我一眼。"大老板说要吃笋片炒冬菇。"乖乖,真是见过世面的老板,不要小看外国人。"好,明天晚上请他们夫妇来吃饭,没问题,笋会长出来的。"荷西含情脉脉地望了我一眼,婚后他第一次如情人一样地望着我,使我受宠若惊,不巧那天辫子飞散,状如女鬼。

第二天晚上,我先做好三道菜,用文火热着,布置了有蜡炬台的桌子,桌上铺了白色的桌布,又加了一块红的铺成斜角,十分美丽。这一顿饭吃得宾主尽欢,不但菜是色香味俱全,我这个太太也打扮得十分干净,居然还穿了长裙子。饭后老板夫妇上车时特别对我说:"如果公共关系室将来有缺，希望你也来参加工作，做公司的一分子。"我眼睛一亮。这全是"笋片炒冬菇"的功劳。

送走老板，夜已深了，我赶快脱下长裙，换上破牛仔裤，头发用橡皮筋一绑，大力洗碗洗盘，重做灰姑娘状使我身心自由。荷西十分满意，在我背后问："喂，这个'笋片炒冬菇'真好吃，你哪里弄来的笋？"我一面洗碗，一面问他："什么笋？""今天晚上做的笋片啊！"我哈哈大笑："哦，你是说小黄瓜炒冬菇吗？""什么，你，你，你骗了我不算，还敢去骗老板——""我没有骗他，这是他一生吃到最好的一次"嫩笋片炒冬菇，是他自己说的。"

荷西将我一把抱起来，肥皂水洒了他一头一胡子，口里大叫："万岁，万岁，你是那只猴子，那只七十二变的，叫什么，什么……我拍了一下他的头："齐天大圣孙悟空，这次不要忘了。"

——节选自《沙漠中的饭店》第2-5页

五、参考文献

[1] 罗静晶.三毛《撒哈拉的故事》的修辞分析[D].天津：天津大学，2011.

[2] 郭振.论三毛散文的审美价值[M].北京：北京十月文艺出版社，2009.

[3] 王楚涵.论《撒哈拉的故事》反映的不屈精神和人生理念[J].中学课程辅导·教学研究2017，(11)：248-249.

[4] 杨世怀.浅谈《撒哈拉的故事》的艺术特色[J].都市家教·上半月2017，000(11)：248-249.

[5] 杨洁.论三毛散文的美学价值[J].美与时代（下），2018（7）：71-74.

[6] 刘憨株.《撒哈拉的故事》中的博爱精神与审美价值[D].长春：吉林大学，2015.

《瓦尔登湖》

闫永长

一、图书基本信息

（一）图书介绍

书名：《瓦尔登湖》

作者：［美］梭罗

译者：许崇信，林本椿

开本：32开

字数：235千字

定价：28元

书号：978-7-5447-6876-4

出版社：译林出版社

出版日期：2017年5月

（二）作者简介

亨利·戴维·梭罗（Henry David Thoreau 1817—1862）。作家、思想家，美国自然文学大师。19世纪超验主义运动的重要代表人物。1817年7月12日，梭罗出生于马萨诸塞州的康科德城，1837年毕业于哈佛大学，1841年起不再教书而转为写作。在爱默生影响下，他阅读过柯尔律治、卡莱尔等人的著作，研究东方的哲学思想，同时以爱默生倡导的"自助"精神进行思考，形成了一套独立见解。梭罗的著作都是根据他在大自然中的体验写成，著有散文集《瓦尔登湖》和论文《论公民的不服从权利》（又被译为《消极抵抗》《论公民的不服从》）。

许崇信（1919—1999），广东潮州人，翻译家、评论家，曾任福建师范大学原外语系副主任、编译室主任、《福建外语》主编。长期从事外语教学、科研和翻译工作，曾翻译了《马克思恩格斯全集》第40卷，并修订《列宁全集》第15卷，在翻译领域颇有影响。

二、畅销盛况

《瓦尔登湖》是时间的玫瑰，它在时间之河中绽放，经久不衰。它的畅销之路上鲜有华丽的脂粉，它的畅销经历在于人们对自然的向往。

在美国，在1985年《美国遗产》杂志所举行的由读者投票选择"十本构成美国人性格的书"的评选活动中，《瓦尔登湖》荣登榜首。而在美国国会图书馆列入的"塑造读者心灵的二十五本书"中，《瓦尔登湖》与《圣经》并列其中。

在中国，《瓦尔登湖》的畅销是一个阶段性递增的过程。根据中国国家图书馆的网上数据库和当当网的图书书目，国内《瓦尔登湖》的出版情况可大致分为三个阶段：1990年以前；20世纪90年代；21世纪以后。

《瓦尔登湖》一书首先由徐迟翻译到中国，于1949年10月由上海晨光出版公司首次向中国读者推出。1982年，徐迟先生于上海译文出版社出版了由他重新校译的《瓦尔登湖》。此后，译林出版社、三联书店、人民文学出版社等国内众多的出版社纷纷出版了不同译者翻译的《瓦尔登湖》。20世纪90年代可谓是《瓦尔登湖》翻译出版的复苏期。徐迟翻译的《瓦尔登湖》由老东家上海译文出版社于1993年和1997年再版。

21世纪以来，《瓦尔登湖》在中国的出版和翻译出现了"骤热"现象，该作品自2003年起被频繁重译出版并行销，于2008年至2010年达到了高峰。译本有26种，译者多达28人。其中，译林出版社的《瓦尔登湖》出版后，在2009—2015年多次重印，2017年5月重版，到2019年12月进行了第8次印刷。

三、畅销攻略

莎士比亚曾说过："一千个读者眼中就会有一千个哈姆雷特。"每一个读者读一本书的感受都是不一样的，《瓦尔登湖》就是这样的一本散文集。《瓦尔登湖》历经一百五十多年，经久不衰的原因就在于其优质的内容及其给人带来的思考。译林出版社《瓦尔登湖》的畅销源于对内容编译及装帧设计上的独具匠心。同时，经典译林的品牌效应为该书的畅销也贡献了力量。最后，符合时代的宣传及其宝贵的社会效应为书的畅销起到了如虎添翼的作用。

（一）文本内容

1. 名家导读，引领读者

导读如同一个引路人，带领读者进入一本书的世界。译林出版社的《瓦尔登湖》在正文前添加了苇岸的《我与梭罗》和爱默生的《梭罗小传》两篇导读内容，让读者可以对梭罗本人及散文有一个整体的印象，为读者提供更好的阅读体验。选择爱默生和苇岸作为导读，是因为这两个人对梭罗及《瓦尔登湖》有着重要的影响。

爱默生的导读带我们遍访了梭罗的一生。梭罗是爱默生的学生，也正是受爱默生的影响，梭罗成为19世纪超验主义运动的代表人物。而苇岸的导读则带我们走进瓦尔登湖，他是真正让《瓦尔登湖》为国内出版界全面接受的作家。他曾说过："梭罗的名字，是与他的《瓦尔登湖》联系在一起的。"名人导读为这经典散文增添了一抹新的光彩，经典散文与名人导读交相呼应，成为一道亮丽风景。

2. 内容朴实，引人深思

《瓦尔登湖》是一个宁静的世界，作品讲述了作者在瓦尔登湖湖畔一片再生林中度过两年又两月的生活及期间他的许多思考。其不仅阐述了作者的思想，还教导人们应该要如何去生活，如何去感受大自然，让自己那颗浮躁的心，能够静下来去享受自然，思考人生。

作者以一种超然的姿态去感受大自然的美好，去感受那林间访客的到访，感受湖的深邃与清澈。作者将自己置身于自然之中，用心灵去感受自然界的一草一木，文中的所述内容皆是生活的所闻所感，朴实的叙述中却不乏深刻的智慧。作者带领着读者一步步深入到这个静谧的湖畔，带领读者一同见证着瓦尔登湖的四季变换，使读者卸下往日沉重的包袱，放空自己的心灵，启迪读者对生活进行深入的思考。

在瓦尔登湖湖畔，作者带我们见证了自己建造木屋的过程，用自己的记账单让我们再度思考经济的含义。在这里，梭罗指引我们阅读；在这里，梭罗领导我们种豆田；在这里，梭罗带领我们倾听自然的声音。瓦尔登湖的湖畔是祥和而平静的，同时又是热闹与喧嚣的。我们不仅可以领略那清澈透明的湖，也能感受到不远方轰鸣的火车。有人会认为，独居瓦尔登湖的湖畔定是件孤独的事情，然而事实并非如此。梭罗带我们造访了湖畔周边的村子，带我们拜访了贝克农场的居民。在这宁静的湖畔，也常有访客来与梭罗畅谈。梭罗本也不算隐士，也和大多数人一样喜欢社交。走进这个湖畔，或许，我们也会同他一样，结交到不少新的朋友：松鼠、野兔、狐狸、鹈鸟。我们是否也能和他一样做到同禽兽为邻呢？《瓦尔登湖》就是这样一个引人入胜的地方，就是这样一个在质朴生活中引人哲思的地方。

《瓦尔登湖》是一本令人深度思考的书，书中对自然、对生命的哲学会令人深思。大量的引证既体现希腊与东方古人的思辨，同时也展示了梭罗的自然观。梭罗不像陶渊明"采菊东篱下，悠然见南山"，却在这瓦尔登湖畔精心耕作豆田。梭罗没有选择做一个隐者，而是通过对自然、生活的体验来引起人们对自然的关注，洗涤人们心中的浮躁喧嚣。

3. 文辞优美，意蕴丰富

《瓦尔登湖》的文辞优美，文中辞藻朴实却不失优雅，梭罗的散文充满了美的"诗意"。苇岸曾这样说过："在写作上与其说作家选择了文体，不如说文体选择了作家"。梭罗通过散文形式与这个世界相联系，把读者带回自然，沉浸人的心灵。《瓦尔登湖》不像中式散文在行云流水间给人们营造一个世外桃源，而是在层层环绕中使人们身临其境。

《瓦尔登湖》的文字是纯粹的，正如那瓦尔登湖面的清澈。中西方的哲思在此相融于水，使读者潜移默化地进入这世界。聆听瓦尔登湖畔动人的歌声，焕发出对生命的升华与思考。

梭罗的《瓦尔登湖》用西式思维带来思考，字里行间点缀着对瓦尔登湖的欣赏，对自然的向往。梭罗在记录自己豆田的生活中曾这样描写夜莺："空中小小的精灵，它们把蛋产在平沙地或在山顶的岩石上，可很少有人发现；它们像湖中卷起的涟漪，既优美又细长，像风卷树叶在空中轻轻飘动——大自然里面就存在着这般亲缘的关系。"梭罗仅轻轻描绘了夜莺的生活状态，却将自然的生命力活灵活现地展现于世人面前，在这静谧的深处，处处连接着亲缘。诸如此类的描写在《瓦尔登湖》中常常可见。

梭罗用自己投身于自然的血液、独具的秉性、坚定的信念和对自然向往的精神谱写着《瓦尔登湖》，使瓦尔登湖成为一面照射世界的镜子，镜子外是自然的祥和与呼唤，镜子内是引人深思和自省的净化。《瓦尔登湖》的魅力也体现于此，在跳动的字符间与思想中碰撞，在轻盈的旋律中与自然共舞。

（二）整体装帧设计

红花应有绿叶衬，优质的内容往往也需要一个精美的设计。译林出版社的《瓦尔登湖》能绽放异彩，映入读者视野的一个秘诀就在于它的装帧设计。具体体现在其外部装帧设计和内文版式设计两个方面上。

1. 外部装帧设计

译林出版社（以下简称译林）的《瓦尔登湖》为32开的精装书，凹凸有致，使人在阅读时有良好的触觉体验。精装本的设计对于保存与收藏也起到了保护作用，为书的畅销提供了保障。

此版本与其他版本《瓦尔登湖》不同，在于其封面上没有过多的宣传性文字。对封面的设计采取了西方的精简模式，除书名、作者外，仅仅放置了一张瓦尔登湖的插画。简约的设计却不失美感，给人营造出静谧之感。

译林的《瓦尔登湖》简约版的封面设计与梭罗瓦尔登湖湖畔的自由生活交相呼应，将作者的灵魂注入其中，为读者进入一个放飞心灵的空间铺设了一条道路。反观其他版本封面，或单调乏味，或纷繁复杂，用过于平淡或过分装饰湮灭了梭罗的灵魂，使瓦尔登湖消逝于人们眼中。

2. 内文版式设计

译林的《瓦尔登湖》在内文版式上没有采取过多的复杂设计，仅仅对注释和分节符作了简单的编排与设计。为使读者更易理解书中所引内容，在对注释的注入方式上采取页下注的形式，方便读者在阅读的过程中，了解其专有名词的含义及相关引文的出处。这种模式也有助于读者更加清晰地了解梭罗的自然观，了解《瓦尔登湖》中所映射出的哲学观。

译林的《瓦尔登湖》在对分节符的设计上与其他版本截然不同，它没有采取传统的空行分节的形式，而是以枝叶、游鱼、飞鸟等形象作为分隔段落间的分隔符，看似简单的小设计却与瓦尔登湖的内文相呼应，为读者营造一个自然环绕的氛围，使读者在探索瓦尔登湖的过程中，无时无刻不在同自然交流。这简约的小设计为《瓦尔登湖》的读者带来了自然的领路人，为进入瓦尔登湖的人们带来了亲切的引航员。

（三）价格亲民

读者是否愿意购买一本书，往往也会受到价格因素的影响。译林的《瓦尔登湖》虽是精装本，却有着亲民的价格，定价28元。对于消费者而言，这样的价格符合大多数人的心理；而对于出版者而言，这样的价格对于图书的销量无疑是一个重要的保障。亲民的定价配以精良的装帧设计，为《瓦尔登湖》的畅销铺设了一条道路，为更多的人去阅读这一经典，走进梭罗的世界打开了一扇大门。

（四）品牌效应

知名的品牌是图书畅销的一个法宝。译林注重品牌管理与企业文化建设，把"坚守政治责任和政治担当；坚守文化责任和文化担当；坚守社会责任和社会担当"作为企业核心价值观。其在出版过程中，始终强调"填补空白、全部从作品母语翻译、使用规范的现代汉语"的风格，以前瞻性的眼光，以构想宏伟、反响强烈的图书在外国文学翻译出版领域独树一帜。正是这份独特的坚守，为人们展现出了《瓦尔登湖》的平静祥和；正是这份独特的坚守，使人们在梭罗的哲思中思考自然。

译林秉承"译，传承，超越"的宗旨，恪守"用好书垒品牌、用品牌谋市场"的理念，坚定出版宗旨，坚守出版信念，坚持出版创新。正是译林出版社对品牌的管理和企业文化的建设，经典译林才被读者所关注。经典译林拥有着如下的特点：传世名译，独家版权，专家导读，典藏首选，世界文学名著第一品牌！《瓦尔登湖》秉承经典译林的宗旨，请名家翻译，再依据《梭罗传》中有关文字内容，将瓦尔登湖畔的趣味与深思展现出来。

译林凭借着打造精品的品牌意识，为我们带来了传世佳作。如果有一天，你无意间发现了一间承载蔚蓝色的书房，那一本本书定会是译林的典藏。译林是可以陪伴人一生的阅读天堂，是可以让读者遨游的蓝色海洋。《瓦尔登湖》正是这海洋中的一部分，它同海洋中的其他经典一样，给人以无尽的思考与品味。它是海洋之中的又一片天地，带我们离开城市喧嚣，享受自然的美好。

（五）营销与宣传

良好的营销与宣传是通往畅销的重要途径，《瓦尔登湖》被称为美国自然文学的典范，与《圣经》一同被评为"塑造读者的25本书"。它是清华大学校长送给新生的见面礼，同时也是节目《朗读者》推荐阅读书目。我们可以走进《瓦尔登湖》，体验梭罗的自然观也归功于名家的推荐及《朗读者》节目的宣传推广。

1. 名家推荐

阅读经典的书目会开拓人的视野，了解名人的思想会引发人的思考。梭罗与他的《瓦尔登湖》正是启迪人们对自然思考的作品。中外名家学者也深深被梭罗的《瓦尔登湖》所吸引，对其有着高度的评价。名家们的推荐为《瓦尔登湖》的传颂做出了贡献。

爱默生曾对其评价：没有哪个美国人比梭罗活得更真实。

诗人海子说，他在1986年读的最好的一本书就是《瓦尔登湖》。也正是由于海子，《瓦尔登湖》进入了国人的视野，成为经久不衰的畅销书之一。梭罗对其有着深刻影响，他说："梭罗这人就是我的云彩，四方邻国的云彩，安静在豆田之西，我的草帽上。"

《瓦尔登湖》同样也给苇岸带来影响，他说："当我初读这本举世无双的书时，我幸福地感到，我对它的喜爱超过了任何诗歌。"

清华大学校长邱勇评价它："《瓦尔登湖》在展示自然美景的同时，也展示了一种物质上简朴至极、精神上丰盈充实的生活状态。"

2.《朗读者》节目推荐

媒体宣传是推动《瓦尔登湖》畅销的又一重要原因。《朗读者》节目涌起了文学经典的热潮，而这并不是仅仅停留在媒体传播层面，而是深深激起读者们对于经典的热爱，对于经典的深思，《瓦尔登湖》就是其中之一。

广州市白云区钟落潭附近的一个野生动物救护中心，那里有十几种、几百只等待救援的动物，但只有一个工作人员——林兆明。在这个山里，没有电视也没有网络，这可能会是世上最寂寞的工作之一。但是，他却并未感到孤独。他有着动物们的陪伴，他亲近着这大自然带给他的礼物。因此，他带着《瓦尔登湖》来到了《朗读者》，他将瓦尔登湖畔冬季的动物带到了舞台的中央；他将与自然和谐的相处的生活献给他的动物朋友们；他将人与自然的深奥哲思推荐给每一个人。

林兆明带我们看到了瓦尔登湖冬季湖畔的热闹，也让我们看到了大自然的包容。他引领我们走进了梭罗的世界，带我们认识了《瓦尔登湖》，也正是他的坚守让我们看到了自然界的美丽。朗读者的声情并茂使我们身临其境，置身于冬季的瓦尔登湖，同动物们一起感受自然的魅力。《朗读者》节目的宣传推广使《瓦尔登湖》在这个机械化的世界多了一层质感，拥有了感情与温度。

（六）社会需求

经典的传颂往往是由于其具有社会价值，《瓦尔登湖》的畅销自然离不开社会对于它的需求。经典的《瓦尔登湖》在对培养美的认识和对自然的思考两方面作出了重要贡献。

1. 培养学生发现美的眼睛

学生需要增强对美学的培养，需要有发现美的眼睛。在这样的社会需求下，《瓦尔登湖》作为经典的散文，被列入了高中生的推荐阅读书目。它引发着学生认识美、发现美，从而培育学生美的情操。《瓦尔登湖》如同一个精灵，将自然美引领到每一个阅读者的心中。

瓦尔登湖畔是一个美丽的地方，梭罗在这里建造了林间小屋，在动物朋友的陪伴下度过两年时光，梭罗用笔描绘出了这自然的美景。《瓦尔登湖》成为帮助学生发现美、认识美的一本读物，它可以带领学生们走出城市，去看不一样的风光，它可以为学生们带来一座自然的殿堂。瓦尔登湖是一个陶冶身心的地方，笔尖点缀的词句无疑不体现出梭罗散文的魅力。学生们正是需要这样一个美丽的地方。如果说生命是一个长宽高结合的构造体，那么《瓦尔登湖》便是注入这构造体中的一道光。

2. 引领读者回归自然与思考

梭罗的《瓦尔登湖》曾在工业革命时期引发人们对自然环境的思考，如今在一个信息化的时代，《瓦尔登湖》将会再度引发我们对自然的向往与思考。在一个数字化的时代，智能成为新的代名词，人们甚至可以足不出户地体验各种服务。物质生活的满足与精神生活的匮乏已形成鲜明的对比。在这个后工业化时代，我们与自然的接触越来越遥远，我们对自然界与人的和谐相处的思考也变得肤浅。

《瓦尔登湖》为这浮躁的人们敲响了警钟，为这喧嚣的城市开辟了一方净土。当我们每日疲于奔波的时候，梭罗已在瓦尔登湖湖畔感受大自然的包容；当我们在为金钱而不知所措时，梭罗已在搭建的小木屋中感受大自然的生活。《瓦尔登湖》不是告诉我们要抛弃现有的生活，而是引导我们如何去学会生活。

《瓦尔登湖》的质朴会成为洗涤心灵的一剂良药，纵然我们无法远离浮尘喧嚣，但却因瓦尔登湖畔而感到自由与宁静。在阳光温暖的午后，放慢奔波的脚步，去聆听风的声音；在满天星辰的夜晚，放缓急促的呼吸，去感受时间的流动。《瓦尔登湖》此时就静静依偎在你的身边，带着你的思想去探索大自然的浩瀚。

如今，有多少人不知田间生活的乐趣，又有多少人早已忘记日出而作、日落而息的幸福。人们需要一个短暂的停歇，需要沉淀下自己浮躁的心灵，去感受自然所带来的波光。《瓦尔登湖》正是这样一个地方，它的晨间雨露可以伴随你享受早上的第一缕阳光，它的日暮夕阳可以陪你感受晚间的轻风荡漾。

四、精彩阅读

大多数人，甚至在这个较自由的国度里的人，也由于无知加上错误，满脑子装的都是人为的忧虑，干的全是些不必要的消耗生命的粗活，这就造成了他们无法去采摘生命的美果。他们的手指因为干苦活而笨拙不灵，颤抖得格外厉害，要采摘美果已无能为力。的确，从事劳动的人无暇日复一日地使自身获得真正的完善；他无法保持人与人之间最高尚的关系；他的劳动一旦进入市场便会贬值。

——节选自《经济篇》第3~4页

《瓦尔登湖》

  曙光初露,我敞开门窗坐着,一只蚊子穿过我的房间作一次看不见也无法想象的旅行,发出了微弱的嗡嗡声,这声音对我的影响,一如我听到号角昂扬、歌颂英雄的美名那样。这是荷马的安魂曲;它本身就是空中的《伊利亚特》和《奥德赛》,唱出了自己的愤怒与漂泊。这里有着一种宇宙为怀之感,是在宣扬世界上活力长存、生生不息,直至被禁止为止。

——节选自《我生活过的地方,我生活的目的》第63~64页

  多数人学习的目的是贪图微不足道的舒适方便,正如他们学习算数,目的是能够记账,做生意时不至受骗;可是把阅读当成一种崇高的智力锻炼,他们却知之甚少,或一无所知;可是,从更高的意义上来说,算得上阅读的不是那种像奢侈品哄骗我们,使我们更加崇高的官能为之昏昏欲睡的事物,而是那种我们必须殷切期望去阅读,把我们最机灵、最清醒的时间用上去的东西。

——节选自《阅读》第74页

  可是我有这样的经验:甚至一个可怜的厌恶人类者,一个最忧郁的人也能在自然界的事物里面找到最甜蜜温柔、最纯洁最鼓舞人的朋友。对一个生活在大自然中而且还有感觉的人来说,不可能会有太过暗淡的忧郁,对于健康而又纯洁的耳朵来说,不管是什么样的暴风雨都是风神弹奏的音乐。世间没有任何东西能有理由使一个单纯而又勇敢的人坠入庸俗的悲哀之中。当我享受着四季的友情时,我相信任何东西都无法使生活成为我的负担。

——节选自《孤独》第93页

  我们惯于忘记,太阳照着我们耕种的田野,也照着草原和森林,并没有什么区别。它们全都一样地反射并吸收太阳的光线,前者只构成太阳每天行程中所见到的灿烂美景的一小部分。在太阳眼里,大地到处一样被耕种得像一片园林。因此,我们得益于太阳的光和热,应配以相应的信任与宽宏的胸怀。

——节选自《豆田》第119页

  我们在日常的散步中,尽管没有意识到,却经常像水手那样,凭着某

些熟识的灯塔和海角来辨别方向前进。如果走的路线不在惯常航线之内，我们心中仍然会保持邻近海角的方位；只有当完全迷路或转过身子时（因为在这个世界里，一个人如果闭上眼睛给转了一次身，便会迷路），我们才会感受到大自然的浩瀚与奇异。每个人一清醒过来，不论是从睡眠中还是从人在心不在焉的状态中清醒过来，就必须常常看他的罗盘主方位。换句话，总要等到迷了路，总要等到失去了这个世界，我们才开始发现自己，认识自己的处境以及无穷无尽的种种关系。

——节选自《村子》第 124 页

人们总是夜间服服帖帖地从邻近的田地或街道回到家里来，那里萦绕着他们家庭的回响，他们的生命日趋憔悴，因为只是一再呼吸着自身的气息；早晨和黄昏的影子都比他们每天的脚步走得更远。我们应该每天从远方，从冒险行动，从险境，从各种发现中带着新的经验和性格回到家里。

——节选自《贝克农场》第 150 页

我们意识到自己身上存在着一种动物性，我们更高级的天性越是打瞌睡，这种动物性也就越清醒。它匍匐爬行，耽于酒色，也许无法完全排除掉；它像蛔虫一样，甚至在我们身体健康时，仍然寄生在我们的体内。我们也许有可能避开它，但无法改变它的本性。我担心动物性享有其自身的某种健康；我担心我们有可能身体健康，但并不纯洁。

——节选自《更高的旋律》第 157 页

有时我会听到狐狸走过雪地的声音，它们是在月夜出来找鹌鹑或其他猎物，像森林里的狗一样叫出凶恶刺耳的声音，似乎心急如焚，又好像要表达什么，争取光明，想立即变成狗，在街上自由的奔跑。如果我们考虑到时代的变迁，难道禽兽中不会跟人一样发展出一种文明吗？在我看来它们是原始人、穴居人，仍然时时警戒着，等待变形。

——节选自《冬季的动物》第 194 页

为什么我们要这样急不可耐地达到成功，为什么要这样不顾一切地去冒险进取？如果一个人跟不上他的同伴，也许是因为他听到不同的鼓声。让他踏着他所听到的音乐拍子走，不管节奏如何，或是有多远。他能不能像一棵苹果树或一棵橡树那样快成熟，其实都无关紧要。

由于天性的薄弱，我们假定了一种情况，并置身其中，因此我们同时是处在这两种情况之中，要摆脱出来也就加倍困难。清醒的时候，我们只看到事实，实际的情况。讲你必须讲的话，不要讲你应该讲的话。任何真理都比虚伪强。

不论你的生活多么卑贱，面对它，活下去。不要多开生活，咒骂生活。它不像你那么坏。你最富的时候，生活看起来最穷。爱挑毛病的人即便在天堂里也会找出毛病。尽管是生活很穷，还要热爱生活。即便是在贫民所里，你也许还会有快乐、刺激、光荣的时光。

——节选自《结束语》第 228~230 页

五、参考文献

[1] 田淼.《瓦尔登湖》生态自然观的人文精神解读[J].科教导刊（下旬），2019（9）：165-166.

[2] 翁欣馨.最美好的相处是人与自然的相处——人文主义与生态主义视角下的《瓦尔登湖》[J].哈尔滨学院学报，2019，40（2）：87-90.

[3] 常凤.人类永恒的精神圣地——评《瓦尔登湖》[J].出版广角，2018（3）：87-89.

[4] 包庆德，宋凌晨.梭罗及其《瓦尔登湖》生态主义思想评析——纪念亨利·戴维·梭罗200周年诞辰[J].鄱阳湖学刊，2017（6）：12-23，125.

[5] 任涛，彭家海.寻找心灵深处的"瓦尔登湖"——探源梭罗的《瓦尔登湖》及其现实意义[J].湖北科技学院学报，2013，33（3）：59-60，141.

[6] 王瑞，李德义.从《瓦尔登湖》看梭罗的生态智慧[J].东北农业大学学报（社会科学版），2012，10（2）：101-103.

[7] 姚坤明.生态文学视角下的《瓦尔登湖》生命启示[J].齐齐哈尔大学学报（哲学社会科学版），2012（1）：129-130.

[8] 王丹红,姜男.人与自然的和谐乐章:梭罗的《瓦尔登湖》[J].长春工业大学学报(社会科学版),2011,23(2):125-127.

[9] 李萌萌.精神的家园——解析《瓦尔登湖》[J].合肥工业大学学报(社会科学版),2009,23(3):125-128.

[10] 郑慧.聆听大自然的呻吟——浅析《瓦尔登湖》中梭罗的自然观[J].安徽文学(下半月),2009(4):155-156.

《陪安东尼度过漫长岁月》

张　茜

一、图书基本信息

（一）图书介绍

1.《橙——陪安东尼度过漫长岁月Ⅱ》

作者：安东尼
插画：echo
开本：16开
字数：180千字
定价：28.80元
书号：978-7-5354-4679-4
出版社：长江文艺出版社
出版时间：2010年10月

2.《红——陪安东尼度过漫长岁月Ⅰ》

作者：安东尼
插画：echo
开本：32开
字数：135千字

定价：28.80元

书号：978-7-5354-620-5

出版社：长江文艺出版社

出版时间：2012年12月

3.《黄——陪安东尼度过漫长岁月Ⅲ》

作者：安东尼

插画：echo

开本：32开

字数：160千字

定价：28.80元

书号：978-7-5354-7065-2

出版社：长江文艺出版社

出版时间：2014年3月

（二）作者简介

安东尼（Anthony），原名马亮，1984年4月11日出生于辽宁省大连市，国内极具影响力的治愈系偶像作家，同时具有作家、厨师、设计师等多重身份，是国内别具一格的作者，开创了治愈系写作的先河。2008年3月，出版散文集《陪安东尼度过漫长岁月》并获得关注。2010年3月，与echo合作推出绘本《这些都是你给我的爱》。2014年7月，安东尼在《最小说》五周年庆典上获得最具人气男作者。2014年3月，出版散文集《黄——陪安东尼度过漫长岁月Ⅲ》，其作品销量突破亿元码洋；2014年11月，出版图文集《尔本》。2015年8月，携手漫画家丁东推出系列漫画《二人饭店》。2017年6月，出版散文集《绿——陪安东尼度过漫长岁月Ⅳ》。

安东尼大学本科就读于辽宁大学。2006年3月，安东尼出国留学后开始写博客，其间最世文化的一名编辑一直跟着看，后来经过他的推荐，安东尼开始在《最小说》上开设专栏连载"亲爱的不二"等系列散文，以独特的"无标点式"写作在读者间渐渐获得关注。2008年3月,安东尼出版首部散文集《陪安东尼度过漫长岁月》,书中他以一个普通男生的口吻,讲述了从20岁到23岁、从大学到工作、从国内到国外的真诚记载。安东尼擅长从平淡生活中捕捉细腻的感动,同时以简单而有梦幻色彩的文字讲述自己的人生哲学。他的作品均有其极度私人化的叙事视角,其代表作散文集"彩虹系列"《陪安东尼度过漫长岁月》便是安东尼自20岁以来关于自我体验的心路历程。书中安东尼常以自言自语的方式,记录日常感悟或独特经历,字里行间充满治愈的风格。同时,他从不加标点符号的写作方式,亦令其在当代青年作家中独树一帜。另外,安东尼跟随他的作品一同成熟,"彩虹系列"描述了安东尼从大连到墨尔本,在不同的城市经历了人生重要的阶段,这些城市是推动他的生活发展和命运转变的重要因素,它们与安东尼不同的人生经历一一呼应,不同的地域文化对应了安东尼不同的心境和情绪,他的生活与地域文化空间的转变紧密相连,从故事到文化实现了串联。

二、畅销盛况

《陪安东尼度过漫长岁月》是作家安东尼创作的首部散文集,2007年1月起在《最小说》杂志连载。2008年由长江文艺出版社出版的《红——陪安东尼度过漫长岁月Ⅰ》第1版,在出版后一年销量突破30万册,总销量突破百万册。2012年,出版珍藏版《红——陪安东尼度过漫长岁月Ⅰ》,"彩虹系列"正式面向大众。同年圣诞节,安东尼在上海书城签售,吸引了江浙沪地区的粉丝全员出动,为书城创下连续签售六个小时、一口气销售5000册的纪录。2014年3月,该系列销量突破亿元码洋。2015年11月13日,根据该书改编,由周迅监制,刘畅、白百何等人主演的同名电影在中国内地上映,并取得6265万票房的成绩。

三、畅销攻略

(一)文字治愈,使读者产生共鸣

《陪安东尼度过漫长岁月》系列中,安东尼以一个普通男生的口吻,

畅销书案例分析 第七辑

讲述了从20岁开始，从大学到工作、从国内到国外的人生经历。

从有众多朋友陪伴到独自一人上路，独自去英国、丹麦、泰国等地旅游，享受过恋爱的甜蜜和温暖，也经历过失恋的难过与苦涩，甚至对爱情的看法产生了极大的变化。经过了漫长岁月，他对人生的感想、对生活的态度，对爱情、友情、亲情的感触，都从以往小男生的稚嫩视角蜕变成大男孩对人生经历的所感所悟。安东尼对待世界、对待朋友、对待生活的态度，仍然保持着最初的那一份真诚与热爱，他用温暖治愈的文字自说自话，传递着他元气满满的正能量。以日记的形式用他质朴的文字真诚地诉说，向读者道出他的心路历程以及那一段又一段的温暖日子。

自古以来，亲情、爱情、友情一直是文学创作的主题，作者百写不腻，读者百看不厌。《陪安东尼度过漫长岁月》里，安东尼写过自己大学时期暗恋的女孩，女生期末考试去教室发现忘带学生证，老师不让进考场，他一气之下说自己也不考了，结果这门课就真的挂了。安东尼本科所攻读的专业为经济类专业，去墨尔本留学后喜欢上了餐饮，就转专业去学了酒店管理，学做西餐。他最喜欢在家里给朋友做好吃的，那让他感到很满足。他对自己感兴趣的每个领域都尽可能多地去了解、去学习，甚至做得更专业。快步入三十岁的时候，安东尼也和同龄人一样被爸妈催婚，只要爸妈一去参加亲戚朋友的婚礼，他就会给父母打预防针，告诉他们该如何应对亲戚的问题，让年龄相仿的读者能瞬间代入作者的情感。安东尼通过简单的文字，把日常生活里那些稀松平常的小事描述得饶有趣味，像是高中的那些年月我们记下的日记。每一个真实、朴素日子里的片段式闪光，却可以带来对美好的联想，对读者来说有着一股恬静和不知名的安抚的力量。因为，这一切读者也都曾经经历，在这本书里面，读者与世界似乎可以轻易相合，使读者产生共鸣，直抵人心。

安东尼可能没有那些大作家、大文豪会写，没有那么才华横溢，甚至很多人可能会说：“这不就是日记吗？我也会写！”但是，就是这种简单、碎片化的文字让人感到真诚和细细的感动。在阅读他故事的过程中，读者总能轻易地从他身上找到自己的影子，产生强烈的代入感，进而对人物的

130

行为产生理解。从"红"到"黄",从 2005 年到 2013 年,就好像读者陪安东尼走过了一段路,借着他的眼看这个世界,感受他所有的快乐与不快乐。在漫长岁月里,安东尼也在陪读者成长。

(二)整体装帧设计

1. 外部装帧设计

人都喜欢美的东西,对于图书来说也是一样的。图书的内容质量是重中之重,但是作为留给读者的第一印象,装帧设计也是不容忽视的。图书装帧的设计类型是根据图书内容本身的不同而有所不同的,就像人们穿衣服那样,要整体性和统一性相结合,美观性也是至关重要的。图书装帧要符合受众读者的基本审美需求,图文相符的装帧设计,可以引起读者的阅读兴趣,使读者在图书前滞留更长时间,对图书的销售产生积极作用。好的图书装帧设计就像是我们对一个衣着得体的人有了很好的第一印象一样,使我们萌生浓厚的兴趣。

《陪安东尼度过漫长岁月》系列除了颜色不同,其余的外部装帧设计是一模一样的,目前已经出版了红、橙、黄、绿四本。它装帧精美,简约大方,封面、封底、书籍色调与彩虹相对应,《红——陪安东尼度过漫长岁月Ⅰ》为红,《橙——陪安东尼度过漫长岁月Ⅱ》为黄。封面上仅有一只抱着红色爱心的名为"不二"的兔子,非常符合本书"治愈系"的特点。配有黑色的书签带,使图书更有文艺气息,非常符合目标读者的小清新审美。

2. 内文版式设计

书籍的版式设计是书籍装帧的重要组成部分,如果封面设计是书籍的门面装潢,版式设计就是室内的装修了。《陪安东尼度过漫长岁月》系列为散文集,版心较小,四周留有较多空白。内文以日记形式展开,每日的文字间留有空白,篇幅稍长的篇章每段也留出空白,使书籍具有视觉美感。

3. 插图设计

插图设计可以为书籍设计注入更多的活力，而书籍插图的优势之一就是为读者提供更为舒适的阅读情境。这也符合图书出版发展的要求，顺应其发展潮流，符合时代发展脉络。只有不断创新和创造新颖的读图方式，重新解构插图构成，提高插图与文字、图书与读者间的互动性，才能适应今天不断变化、多样化的图书市场和读者口味。好的插图可以增加阅读的兴趣，帮助读者理解书籍的内容。

《陪安东尼度过漫长岁月》系列一般在图书前几页和后几页设置插图，并配上简单的文字，中间的将近二百页为纯文字。插图中有一个由插画师 Echo 创作的名叫"不二"的兔子，在正文中，安东尼有许多文字都以温柔的语气写给不二，开心的、不开心的，它陪他度过漫长岁月。不二可以说是个情感寄托，是个人心灵的乌托邦，可以让读者产生共情。除不二之外，还有安东尼朋友 Harry 的摄影作品，有建筑，有风景，有安东尼本人和他的朋友们，也有形形色色的路人，可以让读者切切实实地感受这个大男孩文字里关于旅行、关于酒馆、关于绵羊的记忆。图文结合，排版看似简单却十分精巧，读起来赏心悦目，更容易营造叙事的气氛，也增添了书本身的美学价值。

（三）名人效应

在日常生活中，名人效应已经被广泛应用，并且名人效应所带来的影响往往是立竿见影的，例如旅游业会利用名人效应带来客流量；慈善活动会因为名人效应而受到关注；商品会因为名人代言而销量倍增等。名人效应已经在不知不觉中，对消费者的心理产生了或多或少的影响。名人效应是一种利用名人社会影响力进行借势营销的一种手段，效果往往是较为有效且立竿见影的。对于出版业来说，作家及其附属关系的知名程度也会对图书的销量产生巨大影响。

2007年1月《陪安东尼度过漫长岁月》开始在杂志《最小说》上连载。《最小说》是由中国最有影响力之一的作家郭敬明主编的文学杂志，以青春文学及传统文学为主,资讯娱乐及流行指标为辅,旨在刊登最优秀的小说、散文等文学作品,力求打造成年轻读者最喜欢的阅读杂志。在最世,不仅公司董事长郭敬明拥有多本畅销书和巨大的人气,旗下签约艺人落落、笛安等人所创作的多部作品也得到了很多读者的喜欢并被翻拍成了影视剧。作为这种明星公司的签约作家,其作品必然受到巨大的关注,这也使得《陪安东尼度过漫长岁月》一出世就受到广泛关注和传播。

(四)宣传营销手段

良好的营销宣传方案是成就畅销书的重要因素,一般情况下,读者在购买图书时并没有很强的目的性。即便是有好的图书出版了,缺乏必要的宣传,读者不知道该书,也就不会有很好的销量。因而,在多媒体时代背景下,要准确定位市场,制订可行的营销宣传方案,促进图书出版的销量提升。

1. 微博宣传

新浪微博作为新媒体平台,拥有巨大流量,聚集了许多年轻人,图书的宣传也离不开微博。安东尼从开微博至今已拥有超过354万粉丝。他的微博内容和图书内容大同小异,也是在记录自己的生活小事,文字和书里一样不加标点符号,其中一些内容也被记录在了书里。通过微博,安东尼也和粉丝实现了近距离的交流,粉丝也会在评论下面分享自己的生活,这种简单温馨的交流也吸引了不少网友。在新书出版的时候,安东尼通过微博发布消息,得到了一些作者和微博"大V"的转发和评论,使图书得到了很好的宣传。粉丝通过微博也会及时了解到签售会之类的相关消息,作为重要的信息传播工具,微博的力量是巨大的。

2. 作者配合书城举办签售会

2012年12月30日,安东尼携"彩虹书系"特别珍藏版《红——陪安东尼度过漫长岁月Ⅰ》来到崇文书城举行签售活动。此次活动刷新了崇文书城自创建以来的多项签售纪录，签售码洋高达 12 万元。在此次活动中，崇文书城做了多项创新尝试，不论是在活动形式、传播渠道、现场调控等各方面都体现出细节与整体的高度配合。首先，签售活动在融合作者签售会、读者见面会及新闻媒体访谈的多种形式下突出了活动的灵活性和互动性；其次，在活动前期准备阶段，充分利用网络新媒体微博传播速度快的特性，提前做好活动预告，在活动行进中采用微博互动和崇文书城天猫网店的实时宣传，充分吸引读者的关注度；最后，崇文书城作为此次签售活动的主场，首次采用全方位多视角的实况转播形式，通过 DV 机、电视、投影等方式，将现场的实况及时与读者朋友们互动交流。通过全体工作人员的共同努力，安东尼新年签售活动取得了圆满成功，为探索图书发行行业实体店签售模式创新做出了有益的尝试，也得到了出版商、新闻媒体和读者朋友们的一致好评。

四、精彩阅读

［2005 年 10 月 28 日　揉折过的　吸管］

很早很早以前　我都忘记了是什么时候　大概是小学吧　第一家 KFC 进驻大连　记得那天有大风　阳光很好的样子　我和程一起去吃　每个人要了五十块钱左右的东西　排了好长时间的队　那次还要了土豆泥　之后去 KFC 从来不吃　我们一边吃一边笑　旁边墙壁上的玻璃映出我们的表情　忘记了为什么　当时那么开心　十多年以后　KFC 的番茄酱还是比麦当劳的好吃　而且越来越 CHINESE　STYLE　即使这样　我还是那样喜欢麦当劳　我知道　这并不仅仅是因为麦当劳的甜筒比 KFC 香　也不是因为我对双吉的偏爱　我只是喜欢它的明亮　和随时都可以离开　随时都可以留下的那种感觉

青泥洼桥的 MC 应该是大连的第一家吧　它的对面有一家串店　每次我和欧文经过那里的时候　都要到那里吃一碗焖子　煎得有一点硬的焖子　放一些芝麻酱　尽管很热　可是眨眼的工夫欧文就可以吃一碗　我们一直站着吃　享受的样子　感觉上那条商业街上的人从来就没有断过　那里的 MC 是两层　有一层是地下的　这家店有很大的门面　和我非常喜欢

《陪安东尼度过漫长岁月》

的落地玻璃　经常能看到MC的姐姐带着一群小朋友们　在门口做操　门口有一个麦当劳叔叔长椅　我和鸣曾经在那里合影留念过　那时候还是小学　我穿着绿色鸡心领毛衣　鸣戴着日本的学生帽　他的表情很严肃的样子　我已经习惯了鸣的认真　我只是笑　假期的时候　陪萌萌来这家店应聘　和她坐在一楼墙角的一个二人桌　萌萌很认真地写着简历　字写得快而漂亮　然后我和姐姐在胜利百货买项链的时候　萌萌发短信过来　说她被录用了　又发短信过来说　很累的样子　最后又说　路过的时候一定要认真看玻璃上的那个大M　都是她擦的　我不喜欢吃这家的鱼堡　从来就没喜欢过

百年城二楼夹层的MC　我喜欢这里　二楼后座　不大　但是明亮　楠总是喜欢约我在这里见面　她经常迟到　然后我就要一包薯条慢慢等　下面的人群川流不息　走走停停　但不显得乱　对面是劳动公园的青山和上面耸立的电视塔　摩天轮　总是慢慢地旋转　好像从来没有停歇过的相对静止　我想买PUMA这一季针织的彩虹帽子　可是断货了　鸣陪着我满大连地找　西安路百盛　锦辉商城　长春路百胜　森格体育　运动大本营　新玛特　麦凯乐　太平洋百货　百年城　都没有了　我们累到不行　在这里休息　鸣喝了一口可乐说　不要紧的　等以后我看见了　买一个给你邮过去　我就一直笑　好呀　好呀　我说

——节选自《红——陪安东尼度过漫长岁月Ⅰ》第44~46页

[2007年1月26日　you are the fox]

亲爱的不二：

　　亲爱的不二　终于有个　机会　可以　好好地和你说说话

　　我对你平时的那些　自言自语　现在被登在一本杂志

　　最前边　被编辑　加了一些话　于是　很多人都在猜疑你到底是什么

　　比如　不二是个玩具兔子／不二　是个宠物／不二　好像是条狗哦　好失望

　　你看　有些人不明白　就是怎么也不明白

　　有些人　明白了　他们不会问我　不二到底是什么

　　那么多人看　你会不开心么　还是　你只是想让我对你一个人说

如果　那样的话　我就不写了　毕竟我只想对你　献媚的

　　而且　说给你听的　那些话　那些　不明白的人　估计看了也没有任何意义

　　我知道　你喜欢我　陪了我这么久　不论是我　不够坚强的时候　懦弱的时候　自私的时候　肤浅的时候　还是　没有feel的时候　你都在

　　只是　你会一直喜欢我么　呃？

　　我可以　接受热情的人　也可以接受　冷漠的人　只是　如果热情的人变得冷漠下来　我就会琢磨　怎么会变成这样了呢？

　　开始的时候　读小王子　觉得　为什么玫瑰一直在　折磨着小王子

　　可是　后来　有天　玫瑰突然说　你这个笨蛋　你不应该相信我说的那些话　她说　你如果想离开的话　就离开吧　我会好好照顾自己的

　　她说着　我会好好照顾自己　并同时　伸出来她的刺

　　那一刻　我突然明白　玫瑰　那么脆弱又　甜腻的感情啊

　　亲爱的不二　我们又要　搬家了　这次　要搬到山上

　　想说　还好　有你

　　　　　——节选自《红——陪安东尼度过漫长岁月Ⅰ》第162~163页

五、参考文献

[1] 张文红. 畅销书理论与实践[M]. 北京：中国传媒大学出版社，2011.

[2] 李单单. 当代青少年治愈系文化及其"治愈"策略研究[D]. 漳州：闽南师范大学，2018.

[3] 颜学成. 审美视角下的"治愈系文艺"研究[D]. 成都：四川师范大学，2017.

《薛兆丰经济学讲义》

张　敏

一、图书基本信息

（一）图书介绍

书名：《薛兆丰经济学讲义》

作者：薛兆丰

开本：32 开

字数：355 千字

定价：68 元

书号：978-7-5086-8958-6

出版社：中信出版集团

出版时间：2018 年 7 月

（二）作者简介

薛兆丰，1967 年出生，"得到"App《薛兆丰的经济学课》专栏主理人，原北京大学国家发展研究院教授，曾为美国西北大学法学院（Northwestern University School of Law）博士后研究员，为美国乔治·梅森大学（George Mason University）经济学博士。曾在梅森大学讲授"法与经济学"课程，现从事"公共选择"与"法与经济学"领域的研究。

薛兆丰在过去十几年发表过数百篇经济评论和文章，其基础扎实、言辞洗练、思想一贯、文笔干练，长期关注法律、与经济增长之间的关系，其作品持续影响了读者对市场经济的认识。薛兆丰1997年建立个人网站"制度主义时代"，2000年被《新周刊》评为顶尖人物，2002年出版《经济学的争议》，2006年被《南方人物周刊》评为中国十大青年领袖，2008年出版《商业无边界——反垄断法的经济学革命》，他一直强调"改造世界非经济学所长，但改造世界观，却是经济学的强项"。

二、畅销盛况

《薛兆丰经济学讲义》在2018年7月首次出版，根据开卷数据发布的2008年10月畅销书榜单，仅仅出版三个月，该书就荣登经管实体店类畅销书榜和经管网店类畅销书榜第二名。《薛兆丰经济学讲义》于2018年4月首印，截至2019年9月，印刷23次，出版100万册。《薛兆丰经济学讲义》脱胎于在"得到"App上线的《薛兆丰经济学课》，该课程上线70天后订阅数便突破10万。截至今天，"得到"App平台上《薛兆丰经济学课》已有超过50万人加入学习。2020年1月22日，薛兆丰做客薇娅直播间，经过几次补货，8万册《薛兆丰经济学讲义》销售一空。

三、畅销攻略

一本图书得以畅销无外乎两种原因，一是其产品本身质量精湛，无论是内容还是装帧都堪称佳作，在受众当中口耳相传，有良好的口碑；二是图书宣传营销做得好，善于运用各种营销渠道和方法，使得图书投入市场后不仅销量显著，更可以获得优质评价。

（一）文本内容

本书脱胎于"全世界最大的在线经济学课堂"——"得到"App上音频专栏《薛兆丰经济学课》，将100多万字讲稿浓缩梳理成30多万字的书稿，经过反复修改，精心打磨，最终形成《薛兆丰经济学讲义》一书。该书既区别于传统艰涩难懂的经济学著作，又区别于市面上的"段子经济学"，它通过大量实际场景的经济学分析，比如稀缺、成本、价格、交易、信息不对称、收入等与个人生活密切相关的知识，将经济学思维运用于各种实际场景，是一本体系完整、更贴合中国人实际生活的经济学读物。

该书的目标是让不以经济学为职业的读者也能拥有经济学智慧，让每个中国人都能体验经济学带来的乐趣，具备经济学思维。其旨在使读者看到大众视而不见的制度安排，并理解其内在的经济逻辑，从而启发读者将同样的思维运用到日常生活和工作中去。作者通过实际的例子，在读者意想不到的场景上运用经济学分析，目的就是让读者融会贯通，能像呼吸、走路、游泳、骑车那样，自然而然地用经济学思维方式来对世界做出反应，做复杂生活的明白人。

在该书的第一页他这样写道："我的愿望是，每个中国人都能体验经济学带来的乐趣，具备经济学的思维。"《薛兆丰经济学讲义》一书虽然厚重，正文共有500多页，但内容并不像传统经济学类教科书那样体系庞杂、生涩难懂，也不像国外译作那样读起来略显晦涩。薛兆丰采用"举例式教学法"，在没有任何公式的基础之下讲清、讲懂经济学。它用通俗的言语和真实、有趣的案例，解释、论证一系列经济学原理，由浅入深且充满趣味性，这是本书的宗旨，也是薛兆丰一直以来秉承的理念。

该书将经济学绕不开的概念——稀缺、成本、价格、交易、信息不对称、收入等与个人密切相关的知识，通过大量真实的案例，更实际、更有趣、更深入、更彻底地将经济学思维运用于各种实际场景，方便读者理解现象背后的经济逻辑，从而启发读者将同样的思维方式运用到日常生活和工作中去。从行文风格上看，本书语言直白、凝练，书中简洁有力的金句俯拾即是，例如："凡选择必有歧视""凡竞争必有成本""成本是放弃了的最大代价""没有前途的人才是真正的穷人""自由不等于免费""商业是最大的慈善"……薛兆丰用简练优美的文字为读者构建起一座经济学大厦。同时，每一篇文章的后面都带有相关的思考题，对这一篇的内容进行提升巩固，让读者在阅读中与文本内容建立联系。题目的设定不仅紧扣这一讲的内容，更贴合生活实际，以问题导向将经济学知识融入读者的生活中去，增强读者阅读的参与感和体验感。

（二）装帧设计

《薛兆丰经济学讲义》作为一本经济学通俗读物，没有采用传统教材的大开本，而是采用32开，符合读者的日常阅读习惯。除"得到"App珍藏版采用红底金字，大气典雅，充满厚重感和价值感外，普通版本均采用橙底白字，简约大方，给人以隐秘的视觉冲击。面封寥寥数语、简明扼要地对该书进行了定位与宣传："来自超过40万人的经济学课堂""用经济学的思维方式，理解现象背后的经济逻辑，做复杂世界的明白人"。封底选取四位杰出学者、企业家的推荐语，为读者选购时做出一定指导，为该书的销售锦上添花。

该书内文版心不大，内容共分为十章，每一章的篇章页背后都有不到200字的内容提要，上下居中排版，对该章内容进行导入。全文设置页眉，并将页码置于页眉位置，排版看似有些不走寻常路，却也增强了阅读的趣味性。

（三）名人效应

1. 作品自带"流量"

2017年年初，在商业伙伴罗振宇的鼓励和协助下，薛兆丰开始以北京大学教授的身份尝试用音频的方式讲授经济学课。2017年2月底，《薛兆丰经济学课》在"得到"App正式上线，70天后其订阅数就突破了10万。让人们趋之若鹜的不仅是经济学的魅力，更是北大经济学课程的吸引力。

《薛兆丰经济学讲义》就是对"得到"App上开设的全年音频课程《薛兆丰的经济学课》的精华和重新梳理，在该书出版时，《薛兆丰经济学课》已经有超过26万学员参与其中，一年间学生留言总量更是高达7000万字，因此其在出版时就有着广泛的读者基础。加之在2018年，由爱奇艺出品，米未制作的说话达人秀节目《奇葩说第五季》邀请薛兆丰担任导师，在采访中众多嘉宾导师都表达了对薛兆丰的期待。马东说："在我心里面，薛兆丰教授就是这个时代应该有的知识分子的样子。"在节目中，薛兆丰凭借其独到的观点和儒雅的气质疯狂"圈粉"。他"呆萌"的讲话风格，常常引发大家对其的调侃，带来了很好的节目效果。在辩论环节，他总是以经济学家的身份，带来截然不同的看待问题的方式，即使是情感类辩题。他始终强调并践行着"经济学不只是一门象牙塔里的学科，而且是一种思维方式"的理念，在节目中以其独有的幽默和扎实的经济学知识，引发了大家对经济学的兴趣，《薛兆丰经济学讲义》也因此被众多《奇葩说》观众列入必读清单。在节目中，同为导师的罗振宇也总是不厌其烦地为"得到"App、《薛兆丰经济学讲义》一书"做广告"。与此同时，薛兆丰教授也越来越多地出现在荧屏中，这都为《薛兆丰经济学讲义》的"走红"起到了很好的助燃效果。

2. 身份充满争议

网络上对薛兆丰的评价具有不同的声音，可谓充满争议。薛兆丰是媒体上非常活跃的经济学家，早年曾主张春节火车票应该涨价，近年来批评高速公路节假日免费，多次引发论战，一直都是自带流量的争议人物。对其的争议主要有两点：一是对其所讲授课程的内容或方式的争议，二是对其自身身份的争议。薛兆丰最初是以北京大学国家发展研究院法律经济学教授的身份在"得到"App上开设专栏，课程上线后因表达口语化受到抨击，更是被同事质疑其学术水平和教授身份。薛兆丰对此也作出回应：《薛兆丰经济学课》的意义，就是尽力消除"知识"的神秘感。他表示："我之所以喜欢清晰而生动的表达，是因为我相信，衡量一个人对他所讲的知识是不是真正了解，就是看他能不能以清晰而生动的方式，向一位有教养的门外汉把事情说清楚。"2018年3月，薛兆丰从北京大学国家发展研究院离职，可谓再次引发热议。

存在争议即存在关注，无论是参加各种节目受到抨击还是其授课方式、自身身份的争议，都为薛兆丰争得了注意力。互联网时代，注意力最为稀缺，种种现象使得很多受众趋于猎奇心理或自身兴趣从而关注到了这位"网红教授"及《薛兆丰经济学课》，进而促进了《薛兆丰经济学讲义》

这一作品的传播。

3. 名人推荐

马东、罗振宇等人都对薛兆丰本人给予高度评价，同时《薛兆丰经济学讲义》也受到马化腾、徐小平等人的鼎力推荐。作为各自行业的佼佼者，他们都通过薛兆丰的讲述感受到经济学的趣味，并对其内容给予了高度赞扬和充分肯定，使读者很难不为之心动。

（四）营销渠道

在销售上，《薛兆丰经济学讲义》在"得到"App商城、天猫"罗辑思维"旗舰店、京东"罗辑思维"旗舰店、"罗辑思维"微信公众号商城等店铺发售，通过这些渠道都可以购买到正版产品，方便快捷。

在宣传上，新书首发前期，主要在"得到"官方微博、一些门户网站或借助"大V"等进行新书宣传，同时开通微博相关话题，话题阅读量达到131万。2018年6月15日至18日，"得到"App在北京三源里菜市场举行"菜市场遇见经济学"主题展览暨《薛兆丰经济学讲义》新书首发。菜市场和经济学，看似不搭的两种事物所带来的反差，恰恰顺理成章地引发了广泛关注。在菜市场中，随处可见一些印有经济学原理或精心撰写文案的宣传物，薛兆丰更是现场"教"起经济学。这种创意不是凭空产生的，也不是盲目尝试，而是来自《薛兆丰经济学讲义》本身的定位——普及经济学，让普通人也能感知到该知识服务公司所传达的核心理念——知识不应该束之高阁，它应该被想学的普罗大众以更便捷的方式学到。"究竟展什么"是执行团队最具挑战的工作，他们拉上薛兆丰一起逛三源里，对所看到的现象进行提问，找到其背后的经济学解释，对文案进行不断调整。通过公众号及线上报道的引流，很多人对这次创意主题展览充满好奇和兴趣，确确实实抓住了大家的注意力，堪称一次成功的营销案例。与此同时，2018年、2019年薛兆丰也在深圳、成都两地召开过签售会和读书分享会，很多书迷亲临现场，零距离感受经济学的魅力。

2019年9月，《薛兆丰经济学讲义》印刷23次，发行100万册，于是出版方推出了《薛兆丰经济学讲义》百万纪念版。该版本采取限量销售和高品质的销售策略，限量5000册，每一本都有唯一编码和薛老师亲笔签名，封面选用高级澳洲进口牛皮，内文选用全木纤维50克圣经纸，红色烫金礼盒，极具收藏价值。

2020年被称为全民直播元年，在线下遇冷的同时，直播行业迎来新的拐点。2020年1月22日22点，薛兆丰出现在薇娅直播间，直播间实时在线观看人数从680多万涨到800多万，让直播间变成了经济学"小课堂"，8万册《薛兆丰经济学讲义》瞬间卖光。2020年4月12日，薛兆丰在自己的抖音直播间开启了自己的首次直播，主题为"你逃不开的十大经济学问题"。在直播中薛兆丰宣传了自己的《薛兆丰经济学讲义》，并回答了网友的许多提问，在疫情期间利用当下时兴的营销方式为《薛兆丰经济学讲义》的宣传加油助力。

（五）社会需求

2016年被称为中国知识付费元年，很多公司、平台开始售卖知识，做知识服务。这与过去互联网发展过程以来的免费思维相悖，却也获得了广泛的市场。其背后的原因不仅是快速的生活节奏下人们越来越需要利用碎片化时间不断丰富自我、拓宽视野、缩小知识鸿沟，更是技术进步之下教育、出版、传媒行业界限的松动和模糊。因此，知识服务得以发展，既有需求的推动，背后更是技术的支撑。现代人普遍存在着"知识焦虑"和"时间成本"之间的冲突，随着内容呈现方式的不断升级，以音频或视频为代表形式的知识产品很好地缓解了这种冲突。《薛兆丰经济学课》正是这种趋势下的产物。

在过去，很多学术资源因为我们所处的时间、地点的限制，很难跨时间、跨地点获得，但媒体融合和互联网的飞速发展使得获取信息的途径越来越丰富。除此之外，当下的社会环境竞争力越来越得到凸显，这就迫使我们需要通过各种渠道让自己不断学习、充电。在整个的发展过程中，新媒体担任了重要角色，但从调查结果来看，受众对阅读的认可度并没有下降，图书的权威性仍然受到读者推崇。因此，《薛兆丰经济学课》成功的同时也自然而然带动了《薛兆丰经济学讲义》的销售。

在《薛兆丰经济学讲义》一书的封底，马化腾这样推荐这本书："不是每个人都有机会上北大，也不是每个人都有机会重返校园学习。感谢薛兆丰老师愿意以更灵活的方式，把原汁原味的北大课程分享出来，呈现在更多人面前，让大家构建一个经济学的世界观。这是一个了不起的创新。欢迎大家跟我一起学习。"寥寥数语表达了当前很多人对于知识的渴求和《薛兆丰经济学讲义》可以给社会带来的价值。

四、精彩阅读

第007讲｜铅笔的故事

生活在城里的人，都非常喜欢大自然，经常赞叹大自然的美好与神奇，但对自己身边的生活却熟视无睹，经常觉得索然无味，平淡无奇。其实人类社会有许多精彩的地方，只是我们缺乏慧眼去欣赏而已。就拿最常见的铅笔来说，看似简单，只是由笔杆、笔芯、笔帽几个部件组成，但它的故事却很神奇。

神奇的铅笔

首先，铅笔的原料非常复杂。笔杆用的是一种叫作雪松木的木材；笔杆上的油漆不是一层而是六层，油漆中含有硝酸纤维素和合成树脂等复杂成分；笔芯里除了石墨，还有黏土和滑石粉；笔帽上的金属圈，据说是用黄铜做的；里面的橡皮是红色的，而红色的颜料，据说是硫化镉。所有这些原料，产地来自世界各地。

其次，它的制造工艺也非常复杂。以其中的笔芯制造为例。第一，需要将石墨与黏土等按一定比例配好；第二，将配好的原料放入机器混匀，并通过压芯机挤压出一定规格的铅芯；然后，经加热干燥和高温焙烧，使其具有一定的强度和硬度；最后经油浸处理而制成。仅仅笔芯制造就需要这么多工艺，那么深究下去，一支铅笔的生产流程，到底有多复杂？有多少人曾经参与一支铅笔的生产？50人？100人？1000人？都不对，是成千上万的人。

因为，除了生产笔芯，还要生产笔杆、笔帽。要生产笔杆就要锯树，要锯树就要有钢铁，要炼钢就得挖矿，要挖矿工人就得吃饭。工人不仅要吃饭，还得喝咖啡。要喝咖啡，就得从很远的地方运来。要航运就得有人造船，要造……如此推演下去，整个流程会涉及成千上万的人，涉及成千上万人一代一代的努力。

市场力量造就铅笔神话

一支铅笔，将成千上万的人连接在了一起，它的神奇之处就在于：首先，世界上没有一个人掌握了制造一支铅笔所需要的全部知识。这些知识从来不可能集中在一个人的大脑里面，但是这支铅笔却做出来了。这是它神奇的第一个地方。

其次，每一个参与生产铅笔的人，也不知道自己的努力会导致一支铅笔的产生，每个人只是做他手头的事情。有些人根本就不知道铅笔是什么，有些人根本就不需要铅笔，但是他们的努力，却使得铅笔能够生产出来。

再次，生产铅笔的这些人，生活在世界各个不同的角落，他们互相不认识，讲着不同的语言，信奉着不同的宗教，甚至可能彼此憎恶。但这没关系，他们能够共同合作，源源不断地制造出铅笔。

更神奇的是，虽然一支铅笔凝聚着成千上万人的努力，积聚着一代一代人的知识，但是我们购买一支铅笔所要支付的代价却微乎其微。你只要工作十来分钟，赚到的钱就可以买不少铅笔。

这是多么奇妙的现象！再看看大自然，有这样的事情发生吗？没有。到底是什么力量让这么神奇的事情发生的呢？那就是市场，那个让成千上万陌生人互相协作的平台。

这个神奇的铅笔的故事，被一个叫伦纳德·里德（Leonard E.Read）的人写成了文章，名叫《我，铅笔的故事》（I, Pencil, 1958）。

正如多年后米尔顿·弗里德曼在《〈我，铅笔的故事〉之序言》中所说的：伦纳德·里德引人入胜的《我，铅笔的故事》，已经成为经典之作，它也确实是名副其实的经典。据我所知，再也没有其他的文献能像这篇文章一样简明扼要，令人信服地、有力地阐明了亚当·斯密"看不见的手"——在没有强制的情况下合作的可能性——的含义。

第022讲 | 是否要不惜一切代价保护环境

我们继续讨论科斯定律的应用。现在大家都对环保问题非常重视，都很支持环保，甚至不少人认为应当不惜一切代价保护环境。环保问题究竟该如何处理，我们看一下科斯定律的回答。

汽车与马车谁更环保

今天生活在大城市的人经常被雾霾困扰，而雾霾很重要的一个来源就是汽车尾气。很多人会认为，以前没有汽车，大城市的空气应当非常清新。

确实，以前是没有汽车尾气的污染问题，那时候的交通工具是马车。在20世纪初，仅纽约就有一二十万匹马，每匹马每天拉出几十磅的马粪。这些马粪堆在马路上，太阳一晒，就变成马粪干，车辙辘碾过，马粪干就变成马粪末，风一吹马粪末就弥漫在空中，腐蚀着人们的眼睛、皮肤和衣服。

用马来拉车还有其他污染，例如马的铁蹄跟马路的石头碰撞，会发出巨大的噪声；马还会失控，造成严重的交通问题。

其实当汽车被发明出来时，很多人都在欢呼，终于可以摆脱马粪的污染了，终于可以在没有马粪的空气中自由呼吸了。

可见，我们现在的生活其实是在不断改善的，只不过我们不知道过去的日子是怎么样的。

有一本书叫《昔日美好的时光，它们糟透了》(*The Good Old Days, They Were Terrible*，1974）就讲人类的生活在20世纪初是多么糟糕。

其实年纪大一点的人都记得，小时候早餐吃的油条是用报纸来包的。报纸上有油墨。油墨里面有铅，铅对身体是极其有害的。但那时人们没有这样的观念，能够吃上油条就已经很满足了。所以今天的现代化带来的才是更绿色、更环保和更健康的生活。

这就是科斯定律的基本含义：我们必须用持平的眼光看待污染问题。因为这不是一方污染另外一方的问题，而是双方或者多方争用稀缺资源的问题，我们要做的就是在现代化生活和环境污染之间取得一个平衡。

"科斯对价"化解狼群之争

几年前生态学家发现，美国黄石公园整个生态链里缺了重要的一环——狼，因而需要给黄石公园引入狼群。问题在于引入多少狼才合适。

在黄石公园里，不同的人对于狼群数目应当是多少有不同的答案：黄石公园里负责饲养牲口的人认为，最佳数目是零，一只狼都不要才是最好的；黄石公园的管理员认为，引入的狼越多越好，因为狼越多他们得到的经费就会越多；而如果问环保人士，他们也会认为狼越多越好，因为狼越多，整个环境就越原始。喜欢在黄石公园里打猎的人，如果他打的是狼，他当然认为狼越多越好；而如果他打的是其他动物，例如兔子或者鹿，那么他会认为狼的数目最好是零。

从科斯定律的角度这就引发了一场关于狼的争论。最后人们从科斯定律的角度找到了解决办法，那就是养牲口的人，如果能证明自己的牲口被狼咬死了，那么养狼的人就需要向他提供一定数目的赔偿。从此，养狼的人就知道养狼是有代价的，他们必须把狼群的数目控制在一个合理的范围内，我们通常把这个价叫作"科斯对价"（Coasian payment）。就这样，一个是否应该养狼的问题，一个非黑即白的问题，就转变为应该养多少狼、谁来监控、谁来负责的问题，也就是一个关于如何分配和使用资源的问题。

这也是多方在争用稀缺的资源，人们要做的也是在其中寻求平衡。

布餐巾和纸餐巾：哪个更环保

讲到不同用途的平衡使用，我还喜欢举一个例子，就是高级餐厅的布餐巾。用布做的餐巾更环保，还是用纸做的餐巾更环保？常见的回答有三种。

考虑最不周全的回答是：当然用布更环保，因为布可以重复使用。这个回答没错，布是可以重复使用，但问题是，布做的餐巾需要清洗，需要使用很多清洁剂，还要烘干、浆洗，餐巾稍微旧一点就要扔掉。所有这些都会造成环境的负担。

第二个稍好一点的回答是：需要考虑、权衡。

第三个回答更好：肯定是用布对环境的破坏更大，因为用布做的餐巾更贵。更贵就意味着它消耗的资源——所有资源加起来——更多。用纸更

147

便宜，也意味着纸对环境的破坏更少。

——节选自《薛兆丰经济学讲义》第 26~28 页和第 86~89 页

五、参考文献

[1] 曲晨. 用经济学的思维方式做复杂世界的明白人——读《薛兆丰经济学讲义》[J]. 资源再生，2020（1）：56-58.

[2] 薛兆丰，胜寒.《薛兆丰经济学讲义》[J]. 审计月刊，2018（9）：53.

[3] 张远帆. 从知识服务的视角看传媒、出版和教育的融合——以得到"薛兆丰的经济学课"为例 [J]. 出版广角，2018（7）：28-30.

[4] 孙勇. 学习薛兆丰好榜样 [N]. 证券时报，2017-09-22（A03）.

[5] 顾海兵. 经济随笔不可太随意——评点薛兆丰的经济随笔集《经济学的争议》[J]. 社会科学论坛，2003（7）：31-36.

[6] 林木. 企业家也是弱者 [J]. 中国储运，2020（1）：38-39.

[7] 唐熙萌. 一门没有公式的经济学课——《薛兆丰的经济学课》之用词量化分析 [J]. 现代营销（经营版），2019（12）：56-57.

《淘气包马小跳》

张 琪

一、图书基本信息

(一)图书介绍

1. 书名:《淘气包马小跳系列 1 贪玩老爸》

作者:杨红樱

开本:32 开

字数:72 千字

定价:20 元

书号:978-7-5597-0772-7

出版社:浙江少年儿童出版社

出版时间:2013 年 2 月

2. 书名:《淘气包马小跳系列 2 轰隆隆老师》

作者:杨红樱

开本:32 开

字数:73 千字

定价:20 元

书号:978-7-5597-0773-4

出版社：浙江少年儿童出版社

出版时间：2013 年 2 月

3. 书名：《淘气包马小跳系列 3 笨女孩安琪儿》

作者：杨红樱

开本：32 开

字数：75 千字

定价：20 元

书号：978-7-5597-0799-4

出版社：浙江少年儿童出版社

出版时间：2013 年 2 月

（二）作者简介

杨红樱，中国儿童文学作家，四川成都人。18 岁开始当小学老师，19 岁开始童话创作。她做过 7 年小学老师，做过 7 年儿童读物编辑，现为中国作家协会会员、《青年作家》杂志社副编审。杨红樱曾获"冰心儿童图书奖""海峡两岸童话一等奖"等十余个奖项，获"2010 第五届中国作家富豪榜"首富，作品销量已超过 6000 万册，并被翻译为英文、韩文、泰文、德文、西班牙文等语言。其作品《女生日记》被选进中国小学语文试验教材；《男生日记》获 2003 年全国优秀畅销书奖，国家教育部指定的中小学图书馆必备书；《漂亮老师和坏小子》获 2004 年全国优秀畅销书奖，并入选"中国新世纪教育文库·小学生阅读推荐书目 100 种"等。其中，杨红樱所著的《淘气包马小跳》受到了小学生喜爱，销量以千万册计。"淘气包马小跳系列""杨红樱校园小说系列""杨红樱童书屋"已成为品牌图书，"杨红樱校园小说系列"已拍成 100 集校园动画片；《女生日记》《男生日记》正由中国电影集团拍成电影；《五三班的坏小子》《漂亮老师和坏小子》已拍成电视连续剧。"淘气包马小跳系列"面市后受到了孩子、家长、老师们的由衷欢迎和喜爱，"淘气包马小跳系列"的电影、电视连续剧和动画片也受到广大读者热捧。

二、畅销盛况

《淘气包马小跳》是作家杨红樱创作的儿童文学系列小说，首次出版于 2003 年 7 月，截至 2019 年已有 27 种。其漫画版至 2017 年连续六年居于开卷全国少儿图书畅销榜前列。"淘气包马小跳系列"自 2003 年 7 月上市以来 58 个月共热销 1300 多万册，连续 52 个月荣登全国少儿畅销书排行榜，总销量稳居历年来全国原创少儿文学图书之首。至 2019 年其系列总销量突破 6000 万册，还被多次改编成电影、电视剧、动画片、音乐剧、舞台剧、木偶剧、漫画等多种艺术形式，马小跳已成为一个家喻户晓的儿童形象。2006 年法国菲利普·比基耶出版社出版了"马小跳"法语版，2007 年 8 月，该系列的全球多语种版权授权哈珀·柯林斯出版集团，并于 2008 年春季在英国、美国出版《四个调皮蛋》《同桌冤家》《暑假奇遇》《天真妈妈》等 8 种图书。2007 年 9 月，该系列中的《巨人的城堡》获"第十届精神文明建设'五个一工程'入选作品"奖，根据该作品系列改编的同名广播剧获"第十届精神文明建设'五个一工程'优秀作品"奖。2010 年"淘气包马小跳系列"获"新世纪影响中国的 10 种图书"奖。

三、畅销攻略

一本作品获得成功，获得社会和大众的认可，本身就是没那么容易的，而"淘气包马小跳系列"接二连三的新品也不断受到追捧——不仅受到孩子们喜爱，还被越来越多的成年人广泛接受。一个儿童文学作家的作品为什么这么受欢迎呢？"淘气包马小跳系列"成为畅销十多年的品牌图书，不仅因为其成功的营销包装，还有其优秀的内容、形式、作者、出版方等各方面原因。

（一）文本特色

到底是什么使孩子们对杨红樱的书如此痴迷呢？很多小读者的回答是很简单的两个字：好看。所谓好看，也就是文本的魅力。这种文本内在的吸引力、亲和力与感染力，是小读者选择购买图书的最根本动力。

1. 好玩

儿童阅读是最不带功利色彩的阅读，孩子们只相信他们内心的感受，只相信作品本身带给他们的感动，"淘气包马小跳系列"图书作为童书，最重要的一点就是内容足够吸引孩子，内容足够好玩，行文口语化，时常妙语连珠，还有日常中趣味拌嘴，不禁让人莞尔。书中还有很多当时的新鲜概念，比如新新人类、蹦极、水吧、氧吧、陶吧、暴走族、快闪暴走族、土豆沙拉、橱窗设计师，等等，这些概念让当时的人大开眼界、耳目一新。

2. 真实

《淘气包马小跳》的另外一大优势是真实，里面的人物都能在现实生活中找到原型。杨红樱在独家访谈中提到，《贪玩老爸》中马天笑的形象就是以她爸爸为原型改编的，而马小跳的原型则是她当年的学生。除了人物的真实性，还有故事的真实性，小孩子们可以在淘气包马小跳的身上找到成长的力量，可能会情不自禁地将自己放进作品中扮演一个角色，甚至在马小跳和他的老师同学的故事中找到自己曾经的影子。

3. 温情

淘气包马小跳所传达的是对孩子天性的包容，是对孩子童年的理解，通过友情、亲情、同窗情、师生情，呈现出了一个完整的童心世界。这里面有贪玩老爸的开朗乐观、与人为善，给孩子营造美好童年；还有天真妈妈的天真善良，善于倾听孩子的心声；欧阳校长捍卫童年，保护孩子的天性，等等，他们共同为孩子们营造了一个多彩的充满温情的世界。淘气包马小跳的温情不仅表现在成人对孩子关照，还表现在孩子对成人的理解，就如在《天真妈妈》"难忘的母亲节"这个故事里，马小跳理解妈妈是因为照顾自己的喜好而没吃好饭，就很过意不去要给妈妈买礼物。

4. 形象鲜明

"淘气包马小跳系列"中的每个人物角色都性格鲜明，艺术形象丰满。

从爱玩爱闹调皮淘气，但有情有义有担当的马小跳，有点笨，但真实自然性格好的安琪儿，漂亮骄傲但也会嫉妒的女孩儿夏林果，到永葆童心有想象力有创造力，但也马虎的贪玩老爸，每个人物在杨红樱的笔下都很鲜活，很有特色，几乎在生活中都能找到这样的人。这也是淘气包马小跳的一个文本优势。

（二）图书形式

"淘气包马小跳系列"图书至2019年共27本，其以系列造势形成马小跳独特的优势。马小跳系列图书故事情节虽然没有必然连续性，但其针对马小跳身边的不同人物和不同事件形成整个系列，只要小读者对故事中的其中一个人或者其中一件事产生兴趣，其兴趣可能就会拓展到整个系列图书中，从而推动系列图书的销量。这既能增强读者黏性又能提高图书销量。还有一点，其系列图书名称、作者等各种信息都是相同的，能从潜意识影响读者，加固读者对图书的潜在印象，成为读者购买图书的推动力。

"淘气包马小跳系列"图书每册字数7万左右，20余本形成整个系列，为读者提供了丰富的阅读内容，能够满足读者的长期阅读需求，为图书的畅销乃至常销都提供了可能。而且马小跳系列每年出版新品图书也直接为其增加了不少关注度，吸引读者不断地关注新品图书出版情况，所以淘气包马小跳系列每出新品都会受到大众瞩目，也能在此基础上取得良好的销量，最重要的一点是淘气包马小跳组成系列图书不仅能够拉动销量，而且对形成图书品牌大有裨益。

（三）营销策略

在充分了解市场需要，及时抓住市场热点的基础上，有效地体现作者杨红樱对孩子们的关爱。2009年杨红樱在北京举行义卖"马小跳"、10万元书款救助"生命小战士"——白血病儿童患者活动，并成立"马小跳爱心奖"。杨红樱还不遗余力地救助贫困儿童，向众多受灾地区捐献了她的书籍，设立奖学金鼓励山村教育。汶川大地震时，出版社与作者更是携起手来，共献爱心，倡议重建校园，积极捐款，这些都体现了他们对孩子们的深切关爱和情意。上述举措虽然带上了宣传的色彩,但我们也应看到杨红樱作为儿童文学作家的责任心与爱心。

出版社还组织杨红樱与小读者的见面会及签售活动,而且在各种大型会议、重点卖场及各种媒体上不失时机地进行有效宣传。石春爽在《浅析童书"淘气包马小跳系列"的成功之道》一文中曾调查到,出版社初期主要集中在每年2月和7月的黄金售书期进行营销,后续又采用作家进校园、签名售书、开座谈会、成立读者服务部、有奖问答等形式保证了图书的影响力。其后的合作出版社又通过电视、报刊、网络、访谈、讲座、读者见面会、公益活动等方式进行宣传推广。这使更多的孩子认识和了解作者及其作品,以达到彼此互动,扩大影响力来提高小读者好感度的目的。不仅如此,作者杨红樱还深入中小城市和偏远地区,走过四川诸多中小城市开拓更大的市场。

除了上述形式的宣传造势,出版商还运用了促销的方式来提高销量,采用系列购买更划算的方法,增强"淘气包马小跳系列"图书的吸引力。作为童书为了能更加吸引孩子,还会随书赠送精美的书签、明信片、卡片等小礼物。

(四)作者魅力

杨红樱凭借自身的童书写作功底形成作者品牌。杨红樱1997年开始写作,在杂志上连载《巴浪的故事》(淘气包马小跳前身),从2000年开始,杨红樱作品《女生日记》进入开卷月度少儿畅销书榜单中。也就是从2000年开始杨红樱渐渐成名,后又陆续创作出《五三班的坏小子》和《男生日记》。2002年12月,《女生日记》获成都市政府"金芙蓉文学奖",2003年5月,首次登上中国开卷畅销书榜。《男生日记》获2003全国优秀畅销书奖。这些奖项或排名使得杨红樱本身就代表了销量,代表了高质量童书,所以在2003年《淘气包马小跳》出版后,除了依靠其文本优势,作者本身的吸引力也为"淘气包马小跳系列"提供了不少助力。

作者对童书的把握,既能形成系统又有自己独到的理解深度。杨红樱曾说过,她在马小跳身上寄予了太多东西,比如对家庭教育和学校教育的教育理想、对当今教育现状的思考、对童年的理解、对孩子天性的理解，还包括她本人做老师做母亲的人生体验，所以她通过马小跳这个真正的孩子呈现出一个完整的童心世界。同时，通过有趣的情节，通过美好灵动的人物形象塑造，杨红樱把自己的人生体验和先进科学的教育理念自然而然地融进"马小跳"的写作当中，用自己长期以来对中国学校教育、家庭教育以及社会教育等的凝重思考潜移默化地影响读者，从而最大限度地满足孩子们的想象力和精神成长的需要。所以，孩子们在阅读《淘气包马小跳》时，不但能品味到有意思的故事，还能汲取有意义的人生智慧。

（五）优秀出版方

淘气包马小跳系列图书曾在以下几个出版社出版，从最开始的接力出版社，到出版漫画版的安徽少年儿童出版社，再到出版品藏版的浙江少年儿童出版社。

孙欢在《〈淘气包马小跳〉是怎样"名利双收的"》一文中曾经详细介绍过出版社为该系列图书所做的努力。"淘气包马小跳系列"的责任编辑余人，为了当好责编，他不以自己的喜好为标准，他觉得编辑看好的书，读者未必叫好，特别是少儿读物，编辑是成人，他们的眼光不能替代孩子的眼光。于是"马小跳"系列出版前，余人在南宁和北京找了20个小学三到六年级的男女学生做了一个调查。他把"马小跳"的书稿让这些孩子阅读，绝大多数孩子都是一口气读完，在孩子们阅读的同时，余人也在仔细观察他们的神态，比如有的孩子看到有趣的情节会忍不住哈哈大笑，有的孩子则会提出这样那样的问题和想法。在观察以及与这些孩子的交谈过程中，余人做出初步的判断：孩子们喜欢"马小跳"，因为书里那些故事和他们的生活息息相关；书里的幻想成分也符合孩子们想象力的发挥。"马小跳"有感染力，也有市场潜力。就是因为余人的一番调查研究，肯定了马小跳的魅力，成为后续出版的推动力。

浙江少年儿童出版社"撒播快乐阅读之种，架起健康阅读之桥"活动也为淘气包马小跳系列做了很大的助力。如何让孩子们见到这些书本背后的作家？如何让作家们知道现在的孩子们最喜欢读什么书？本着一个个简单却又实在的想法,浙江少年儿童出版社通过"名家人文行"主题讲座,为孩子们架起了与作家面对面沟通交流的桥梁。他们也在各个"全国阅读示范基地学校"为孩子们带去了丰富多样的主题讲座,学校举办的多届读书节也成为打造书香校园的一大重头戏。在一个个普通的日子里,学校都洋溢着别样的欢乐阅读氛围。校园里的"樱桃"们(杨红樱粉丝的自称)满脸挂着灿烂的笑容,听着偶像杨红樱分享自己的创作经历和成长点滴,不时地举起手来和杨老师交流自己的阅读故事。在促进与孩子们沟通,利用作者影响力的同时,这些活动也扩大了"马小跳"系列图书对孩子们的影响。

浙江少年儿童出版社还致力于公益活动,希望更多的孩子读到"中国好童书",连续几年参加捐书活动,他们不断给孩子们推荐轻松、可读、充满趣味的书,"淘气包马小跳系列(典藏版)"就在其中,这不仅仅体现出了出版社为孩子们负责的态度,更能展现出出版社的人文关怀。有思想、有情怀、有质量的出版社一定不会差。

(六)与时俱进

"淘气包马小跳系列"图书从 2003 年到 2009 年每年都有新作品出现,而 2010 年到 2012 年此系列却是未见新品,开卷畅销榜中这三年的年度榜单前三十名也不见《淘气包马小跳》的身影,在经过市场分析与调查之后,杨红樱与出版社合作,合作出版了符合当前市场要求的《淘气包马小跳》漫画版。《淘气包马小跳》漫画版以故事图书为创作蓝本,改编成孩子喜闻乐见的漫画书,对于文字书的阅读有障碍的儿童,图画比文字更有吸引力,漫画书可让他们用眼睛直观阅读,可有效培养儿童的阅读兴趣,有助于深度挖掘其文本的内在创造价值。漫画版改编使"淘气包马小跳系列"进入另外一个高峰期,2014 年凭借漫画版马小跳进入开卷年度少儿畅销榜前三十名。所以"淘气包马小跳系列"图书从故事图书向漫画、卡通、绘本等类型图书拓展图书形式的过程,就是开发图书类别优势的过程。

（七）衍生品反推图书销量

淘气包马小跳自上市以来获得了许多小读者的推崇，随之而来的就是各种类型的改编品种。2008年，由彭磊指导的动画片《淘气包马小跳》在中央少儿频道播出，这部动画片根据杨红樱的小说改编而成，总共104集。同样，吴磊主演的电视剧《淘气包马小跳》也于2008年首播，并获得第28届中国电视剧飞天奖少儿电视剧二等奖。"淘气包马小跳"的话剧演出也在不同地区的校园里演出。《淘气包马小跳》电影也于2009年上映。王晴在《杨红樱现象研究》一文中说到，有47.01%的小读者看过根据杨红樱作品改编的电影和电视剧，有24.66%的小读者是通过影视了解到杨红樱的。由此可见影视翻拍扩大了杨红樱作品的曝光量，而相对于图书，影视受众更广泛，利润空间也更大。在此影视热潮之下，"淘气包马小跳系列"图书的销量也得到了很大的提升，形成影视与童书相互促进效应。

四、精彩阅读

"马小跳，昨天才表扬了你，你今天就翘尾巴了？"

马小跳的手，不由自主地去摸了一下屁股，屁股上没有尾巴。

马小跳想到什么就说什么："我没有尾巴。"

马小跳说的声音小，数学老师没有听清楚，他以为马小跳说的是"我没有翘尾巴"，更是火上浇油，气上加气。

"你还说没有翘尾巴？你没有翘尾巴，怎么会这样？"

数学老师本来声音就大，因为生气，声音更大了，震得教室的窗玻璃都哗啦哗啦地响。

"一共才一百道口算题，你就错了五十三道……"

数学老师后面的话，马小跳一个字都没听进去。他已经晕了，怎么会这样呢？他是跟路曼曼对了答案的呀！

下了课，数学老师把马小跳带到办公室，继续批评教育。

马小跳还是一句都没听进去。他脑子里一直在想这么一个问题："我错了五十三道题，路曼曼又错了多少道题呢？"

这个问题折磨着马小跳，如果他不把这个问题搞清楚，他会憋得很难受的。

数学老师说话像打机关枪，哒哒哒！哒哒哒！简直停不下来，也不让人插话。

趁数学老师吞口水清嗓子的短暂空档，马小跳终于鼓起勇气，问了一句："路曼曼错了几道题？"

"你好意思问人家路曼曼？好吧，我就让你看看人家路曼曼的口算作业。"

数学老师翻出路曼曼的口算本，几根手指头飞快地翻到昨天做的那一页，放在马小跳的面前。马小跳看了一眼，满眼都是红钩钩，还有一个100分。

不会吧？昨天马小跳对的就是路曼曼的答案，怎么可能他错了五十三道题，而路曼曼全部正确？肯定是数学老师批改作业的时候，一不小心批错了。

马小跳想到什么就会说什么："老师，你会不会批错？"

数学老师愣了一下："我怎么会批错？"

马小跳一本正经地帮数学老师分析起来："你会不会因为路曼曼做口算题从来都做得好，你就没有仔细去看，只顾在她的本子上画红钩钩……"

马小跳没敢再说下去，因为数学老师看他的表情很怪——他还真被马小跳说准了。

数学老师心里七上八下的。他把路曼曼昨天做的那一百道口算题，从头到尾，仔仔细细地看了一遍，又用计算器验算了一遍。当他再抬起头来看马小跳的时候，脸上的表情已经不怪了。

"马小跳，你是不是想路曼曼也跟你一样，错很多题？"

马小跳有口难辨。他是哑巴吃黄连，有苦说不出。

这一天，对马小跳来说，简直是暗无天日——错了五十三道题，每错一道题，罚做十道题。你算一算，马小跳被罚做了多少道题？

这次教训是深刻的，也是难忘的。马小跳以后做口算题，就会想到那暗无天日的一天，再也不敢大意，更不敢去对路曼曼的答案，他怕再次遭到暗算。

后来，马小跳的口算题得了好几个100分，但数学老师都不敢表扬他，怕他第二天又翘尾巴。

——节选自《同桌冤家》第12~16页

林老师不好意思地看着丁克舅舅，丁克舅舅也不好意思地看着林老师。还是林老师先开了口："我们还是谈谈马小跳吧！"丁克舅舅赶紧点头："对，我们还是谈马小跳。"

"马小跳这个孩子，嗯，怎么说呢？他挺像一个孩子的。"

丁克舅舅的嘴巴歪了一歪："马小跳本来就是一个孩子。"

"可是，现在很多的孩子已经不像孩子了。在他们身上，儿童天性的东西已经丧失得所剩无几。"

"为什么会这样？""说起来话就长了。"林老师摇了摇头，有点无可奈何的样子，"这不是孩子本身的问题，这是一个社会问题，也是教育制度的问题。扯得太远了，我们还是说马小跳吧！""对，我们还是说马小跳。"丁克舅舅的嘴巴又歪了一歪，"林老师，我记得那天在学校，你好像说过，你喜欢马小跳？""我是很喜欢马小跳。"

"我知道，老师都喜欢表现好的孩子，可像马小跳这样表现差的孩子，你为什么会喜欢他？""马小跳天真、顽皮，在他身上，最能体现孩子的天性、孩子的特质。一个孩子的成长过程，就是一个不断犯错误、不断改正错误的过程……"

听着听着，丁克舅舅的眼睛里发出光来——他已经对林老师有了好感。

——节选自《丁克舅舅》第96~97页

秦老师把小黑板翻过来，指着上面的一句话，用了强调的语气，"仔细读读这句话……"

我今天吃了三吨饭。

"哈哈哈！"

教室里笑翻了天。

159

马小跳跟着笑了一阵,后来才发觉这个句子是他写的。

"他们在笑什么?"马小跳虽然也笑了,但他并不知道大家在笑什么,"难道我写的这个句子有问题吗?"

"马小跳!"秦老师也在笑,"你来说说,这个句子错在哪里?"

马小跳看来看去,还真的看不出错在哪里。

唐飞的座位在马小跳的后面。马小跳听见他在后面说:"马小跳是个超级饭桶。"

秦老师瞪了马小跳一眼,转身用红粉笔把句子里的"吨"字圈出来,问道:"一吨是多少?"

毛超就像抢答一样怕落了后,大声答道:"一吨是一千公斤。"

秦老师又问:"三吨是多少?"

毛超对答如流:"三吨是三千公斤。"

秦老师笑眯眯地看着马小跳:"马小跳,你一天能吃三千公斤饭吗?"

同学们笑破了肚皮。马小跳这才醒悟过来,原来他写了一个错别字,把"三顿饭"写成了"三吨饭"。

马小跳不怪自己,却怪他的爸爸。他清楚地记得,昨天他把作业拿给马天笑先生检查了的,马天笑先生还在那个句子下面签了三个大字"已检查",怎么就没有检查出来呢?

回到家里,马小跳气呼呼的,叫他吃饭他也不吃。

"马小跳,先吃饭!"马天笑先生一副大包大揽的样子,"有什么事情给老爸讲,老爸都给你搞得定!"

马小跳更生气了,他冲马天笑先生大叫道:"你知不知道,你把我害死了!"

"我害死你?"马天笑先生莫名其妙,"你是我儿子,我怎么会害你?"

马小跳把那个句子拿给他爸爸看。马天笑先生只看了一眼,便倒在沙发上,"嘎嘎嘎,嘎嘎嘎",笑得像鸭子叫。

马天笑先生笑够之后,就开始打嗝。他笑得太厉害之后,就会打嗝,那是因为笑岔了气。

"马小跳呀马小跳,你是怎么搞的?"马天笑先生语重心长地教育起儿子来,"就是一头大象,一天也吃不了三吨饭嘛。"

马小跳说:"海里的大鲸鱼一天能吃三吨。"

"海水和小鱼虾加一块儿,估计会有三吨。"马天笑先生马上意识到他对马小跳的教育偏离了方向,赶紧又扳回来,"马小跳,你千万不可掉以轻心,如果你长大参加了工作,如果你像我一样做了领导,写张纸条让食堂为加班的工人准备一顿夜宵,像你这样写成一吨夜宵,那怎么得了?"

马小跳说:"我做不了领导。"

马天笑先生就批评马小跳没有雄心壮志,他马天笑能做领导,他儿子一样可以做领导。

"我不做领导,领导不好玩。"马小跳把本子递过去,"老师说,要家长在上面签字。"

马天笑先生大笔一挥,在那个笑死人的句子后面,写下几个字。马小跳拿过本子,大声念道:

大马虎,令后一定改掉这个毛病。

"什么呀?乱七八糟的!"

"你是这样写的,我就这样念。"

马天笑先生说:"我写的是:太马虎,今后一定改掉这个毛病。"

"那你自己看吧!"

马天笑先生接过本子一看:"太"字少了一点成了"大","今"字多了一点成了"令"。

"怎么会这样?"马天笑先生很快就自己原谅了自己,"不过是少了一点又多了一点而已。"

"大马虎带小马虎,怎么会不马虎?"

这次轮到马小跳笑了。他也笑倒在床上,笑过之后又打嗝,而且打个不停,真是遗传到位。

——节选自《贪玩老爸》第 48~54 页

五、参考文献

[1] 王一典. 马小跳还能"跳"多远——由"杨红樱现象"说开去 [J]. 文

教资料，2019（36）：158-160，109.

[2] 乔世华."淘气包马小跳"十年畅销的启示[N].中国新闻出版报，2013-08-23（004）.

[3] 王泉根.新世纪十年中外儿童文学交流综论[J].理论与创作，2010（3）：34-40.

[4] 熊雁.从杨红樱现象看儿童文学出版的三个成功因素[J].出版科学，2009，17（5）：53-55.

[5] 孙欢.《淘气包马小跳》是怎样"名利双收"的[C].中国编辑学会.优秀出版物价值论：中国编辑学会第十三届年会优秀文集.中国编辑学会：中国编辑学会，2008：204-209.

[6] 晓蓓.《淘气包马小跳》怎样撬动童书市场[J].编辑学刊，2008（3）：45-49.

[7] 杨鹏.2007年少儿畅销书揭秘[J].出版广角，2008（1）：25-29.

[8] 石春爽.浅析童书"淘气包马小跳系列"的成功之道[J].出版广角，2019（7）：55-57.

[9] 王晴."杨红樱现象"研究[N].中华读书报，2015-08-05（011）.

《米小圈上学记》系列

苏梦园

一、图书基本信息

（一）图书介绍（部分）

1. 书名：《米小圈上学记——小顽皮和老顽童》

作者：北猫

开本：24 开

定价：16.50 元

字数：130 千字

书号：978-7-5365-6512-8

出版社：四川少年儿童出版社

出版时间：2014 年 4 月

2. 书名：《米小圈上学记——加油！足球小将》

作者：北猫

开本：24 开

定价：16.50 元

字数：130 千字

书号：978-7-5365-6514-2

出版社：四川少年儿童出版社

出版时间：2014 年 4 月

3. 书名：《米小圈上学记——搞笑大王来啦》

作者：北猫

开本：24 开

定价：16.50 元

字数：130 千字

书号：978-7-5365-6513-5

出版社：四川少年儿童出版社

出版时间：2014 年 4 月

（二）作者简介

北猫，原名刘志刚，"80 后"新锐儿童文学作家、动画编剧。1982 年出生在黑龙江哈尔滨，喜欢为孩子写好玩的书和动画故事。因为自己出生在北方，又非常喜欢猫，所以有了"北猫"这一称号。曾这样介绍自己："三岁起看别人的小说，十三岁开始逼别人看他的小说。与侯宝林大师同月同日出生，自认为获得了强大的幽默天赋。"曾获央视动画大片招标优秀提案一等奖，参与创作多部动画片。他的代表作品《姜小牙上学记》《米小圈上学记》等图书受到了广大小读者的喜爱。

截至 2018 年年底，北猫已连续三年登上中国作家榜。2016 年，以 665 万版税位居作家榜第二十二位；2017 年，以 2000 万版税居第 12 届中国作家榜第四位，紧随杨红樱、大冰、郑渊洁三位作家之后；2018 年，第 13 届中国作家榜发布的中国童书作家榜中，北猫紧随杨红樱之后，以 5300 万版税位列榜单第二位，并且成为童书作家榜中最年轻的儿童作家。2019 年，北京开卷公布的《2019 中国图书零售市场报告》指出，北猫成为少儿类图书中最具有市场影响力的作家，同时北猫是整体市场中销量排名第一的作家。

二、畅销盛况

《米小圈上学记》2012年5月出版时,首版印刷8000套,后来分别于2013年推出二年级版,2014年推出三年级版,2017年上半年推出四年级版。截至2021年,《米小圈上学记》已出版到"四年级",每年级一套图书,共16本图书。

2017年《米小圈上学记》开始登上畅销榜单,截至2019年,"米小圈"系列累计近百次登上开卷少儿图书畅销周榜,每次均占据榜单多个席位。《米小圈上学记》在2017年内重印31次,销售1243万册、2.09亿码洋,总销量超过2100万册。根据开卷公布的信息,2019年"米小圈"系列共有11种图书登上开卷畅销月榜Top10。

截至2021年《米小圈上学记》系列图书全国销售量已达8000余万册,同名广播剧全网播放量也已经突破30亿次。《米小圈上学记》获奖众多,入选2018年"向全国青少年推荐百种优秀出版物",2019年获得第五届中华优秀出版物提名奖、四川省"五个一工程"奖。该书中文繁体字版权已输出中国台湾地区,中文简体版权输出至印度、挪威、马来西亚等国家和地区。

三、畅销攻略

畅销书的打造是不容易的,需要作者和出版团队多方的共同努力。对于在图书市场上已经有较大影响力和较高市场地位的名家来说,在原有广大粉丝读者群体和市场口碑的基础上,他们的作品很容易畅销。然而对于新人作家来说,能够受到广大读者的喜爱,自己的作品成为畅销书,还能与领域内的一线作家齐头并进,则是难上加难。

作为新人作家的北猫,他的《米小圈上学记》也经历了一个比较坎坷的过程。《米小圈上学记》之前曾在国内的一家出版社出版,但是市场反应平平,销量一般。北猫与出版社解约后,将稿件投到了四川少年儿童出版社(以下简称"川少社"),在重新包装出版过程中,编辑与作者不断沟通,甚至因为意见分歧出现过争吵。但幸运的是,作者对写作的坚持和对内容质量的坚守、编辑对作品的负责以及出版社的营销运作，最终使《米小圈上学记》顺利出版，并成为儿童图书市场上的超级畅销书。由此可见，作者和出版团队中的任何一方对畅销书的打造都至关重要。

一部畅销书的出版离不开优质的作品内容、精益求精的作者以及认真负责的出版团队。以下将从作品、作者以及出版社三个层面对《米小圈上学记》的畅销进行深入的分析和解读。

（一）作品层面

1. 情感：精准定位读者，引起读者共鸣

《米小圈上学记》对读者有着非常明确的定位，主要读者对象是小学生这一群体。作品通过描写米小圈和家长、老师、同学之间有趣好玩的故事，讲述了米小圈多彩的小学校园生活，充分展现了小学生成长中的快乐与烦恼。在呈现形式上，图书以日记体分年级出版，这使每个年级阶段的小读者都能选择适合自己年龄的分册。这一形式也充分体现了图书对于小读者的精准定位。

在作者北猫看来，米小圈图书最大的特点就是无限接近孩子。该书以小学生的口吻，讲述了一个个精彩的校园故事，真实地还原了小学生的学校生活。有关成绩的不理想、同学朋友的相处、爱好的培养、老师的严厉、家长的管教等让孩子们或苦恼或开心的话题都包含在内。作品通过简单易懂的文字表现了主人公的喜怒哀乐，非常贴近小朋友的真实生活和真实心理。正是因为米小圈身上有孩子们自己的影子，所以他们读《米小圈上学记》就像是在读自己的童年一样，能够在阅读的过程中产生情感共鸣。

2. 文字：幽默风趣，画面感强

很多小朋友对于《米小圈上学记》图书的评价，大致可以总结为"有趣""好玩""幽默"三个关键词。北猫也曾说过，他给自己写儿童文学作品的标签，就是"幽默"。由此也可以看出，该书另一个吸引小读者的特色就是幽默。全书多采用语言描写、动作描写和心理描写等描写手法，对故事情节进行展现和叙述，语言文字简单易懂、明白直接，阅读体验感较强。作者巧妙地将喜剧元素融合在各个故事当中，使图书兼具故事性和趣味性。

同时，作者呈现的故事很有画面感。北猫多年从事动画编剧的行业，创作多部动画剧本，并且其参与创作的多部动画片在央视少儿频道播出。从事动画编剧的经历让他的文字更具特色，语言文字传达出的场景感更强，因此更能吸引小读者的注意力。

3. 人物：性格鲜明，涂鸦式人物形象

一方面，该书中每个人物的性格都非常鲜明真实，每个角色都有自己的缺点和优点。例如，小主人公米小圈调皮、贪玩，有时甚至会搞一些小恶作剧，但他活泼开朗，很重视朋友，尊重别人，与同学团结友爱，又乐于做好事；又如学习认真、成绩优秀但喜欢打小报告的李黎，贪吃、憨实却喜欢当守门员的邢铁"铁头"，家庭富裕、喜欢炫耀的姜小牙，漂亮温柔的语文老师莫老师，严厉的数学老师魏老师等。小读者在自己的身边都能够找到书中人物的原型，因此也能从中产生共鸣。

另一方面，涂鸦式人物形象具有高识别性和易模仿性。在重新包装出版的过程中，责任编辑明琴多次与北猫沟通商量，最终将全书中的人物定为简单几笔就能绘制成的形象。"米小圈"有着圆圆的脑袋，胖胖的身形，不仅具有高识别性，而且非常适合小朋友模仿。事实也证明这一形象设计取得了较大的成功：在读书评价或给作者北猫的读书反馈中，很多小读者都会自己画米小圈及书中的其他人物，甚至利用食物、纸张等制作书中的人物。

4. 内容：丰富多样，寓教于乐

除了正文内容和有趣的内文插画，书中还包括"米小圈对你说""米小圈爆笑漫画""北猫哥哥小课堂""北猫哥哥的日记魔法""北猫哥哥的作文魔法"等延伸栏目。

开篇的"米小圈对你说"相当于图书的序言，以米小圈的口吻向广大的读者小朋友问好，并根据书中的内容介绍自己的情况和北猫哥哥对自己的帮助，从而引导小读者跟着主人公米小圈的日记进入情境。

原创漫画为图书增添了幽默的色彩。一二三年级的图书分册，主要通过一小幅漫画插入正文的形式，展现一个小的情境。而四年级的分册除了小幅漫画的穿插，又独自设置了"米小圈爆笑漫画"这一部分，以五格漫画的形式展现了一个完整的对话情境，使整本书的趣味性得到进一步的提高。

"北猫哥哥小课堂"栏目寓教于乐，主要针对书中一些不好的现象或人物表现得不好行为，进行分析和解读，并发起疑问让小读者反思自己是否存在类似的缺点和不好的行为，引导他们树立良好的价值观和人生观。例如，《搞笑大王来啦》一书中的小课堂，以几个小问题引出主题——外号与嘲笑的问题，作者北猫结合自身小时候的经历和感受，讲述了受人嘲笑的消极影响，又回到书中的故事，告诉读者嘲笑是一种残忍的行为，引导小读者不嘲笑别人的缺点、不欺负弱小的同学、不针对同学的缺点起外号。

图书最后是作者的写作魔法，目的是让孩子们在阅读中学习如何写好日记与作文，同时这也是《米小圈上学记》营销卖点之一。一二年级的图书分册是"北猫哥哥的日记魔法"，教小读者如何写好日记，因为一二年级对作文的要求相对较低，主要强调习惯的培养和日记的积累。而到了三四年级，对小学生作文水平的要求有了提高，因此《米小圈上学记》的三四年级版是"北猫哥哥的作文魔法"栏目，目的是讲述作者自己的写作方法，为小朋友作文的写作提供指导。

5. 形式：日记体编排，装帧设计充分考虑读者

《米小圈上学记》系列图书以全彩的短日记形式呈现内容，记录了米小圈学习生活中的事情。日记体的形式问题简单，所记录的都是身边发生

的事情，都是自己的所见所感，因此更加具有亲切感。一方面可以拉近文字作品与小读者的距离，另一方面也可以让小读者在阅读中不知不觉地爱上日记这种形式。同时，该书的装帧设计充分考虑了读者的阅读习惯。

在内页设计方面，该系列图书有很多自己的小特色。一是彩色字词，书中将一些好词或相对生僻的字词用彩色进行了标注，使小读者能够提高对这部分字词的注意力，从而加深印象；二是批注点评，在米小圈的日记中有红色字体标注的小圈爸、小圈妈的批注点评，不仅能够提高日记整体的真实性、准确性和趣味性，而且还能体现亲子感情，拉近亲子之间的距离；三是有趣插图，因为相对于纯文字，儿童更喜欢图画，插入漫画不仅能给小读者的阅读过程带来一些欢笑，而且达到了图文并茂的效果，提高读者阅读的兴趣；四是可爱多彩的背景，全书内页采用了多彩的边框设计，色彩丰富，并融合形状、线条和事物等各种小元素，使页面更加有趣，凸显了正文日记纸张的立体性，增强了小读者的阅读体验和感受。

在形式选择上，图书则针对不同年龄段的小读者进行了个性化的设计。考虑到一二年级读者的认知水平有限，识字尚少，因此对正文进行了注音，来扫除这一群体的阅读障碍。在开本的设计上，为了适应小读者的阅读习惯，采用了24开的大开本形式，利于图文疏松排版，从而为小读者提供舒适的阅读体验。一二三年级的图书版本都是210mm×180mm的尺寸，而四年级的图书分册则稍小一点，成品尺寸为210mm×160mm。

（二）作者层面

1. 蹲在孩子的视角，看生活

《米小圈上学记》图书产生于一次机缘巧合下的灵感。2009年，北猫在网络上偶然看到了一篇小学生写的日记，被逗得哈哈大笑，由此也产生了"模仿这个孩子的文笔去写一本书"的想法。

北猫曾言："创作儿童文学最大的难度在于需要转换思维方式，作者需要把自己变成一个小学生或者一只树袋熊，这对于一个成年人来说是不容易的。不但要具有孩子般超乎想象的思维,还要了解当下的孩子在想什么、喜欢什么、最近流行什么漫画和玩具等。"也正是因为作者北猫能够站在孩子的视角看待学习和生活,才能在日常生活中发现孩子们喜欢的东西,通过文字真实地反映出孩子们的心理活动与他们所关心的问题,从而准确地发现孩子们的阅读需求,无限地接近孩子内心世界,引发他们情感上的共鸣。

2. 慢节奏创作,高质量追求

高质量的内容是畅销书的基础支撑。北猫清楚自己的作品必须和别人不一样,要有自己鲜明的特点。因此,北猫的出书节奏很慢,目的就是充分打造自己的特色,同时保证作品的质量。他对于自己的作品,包括每个故事、每个转折,都要仔细思考、认真打磨,精益求精,以工匠精神深耕内容。

根据北猫的介绍,《米小圈上学记》系列图书的第一本(即一年级)写的时间非常长,三万字写了两年,来来回回改了一百多稿。虽然现在北猫已经成为著名的儿童作家,《米小圈上学记》已经成为超级畅销书,市场需求量较大,后续的图书作品也时刻受到读者市场的重点关注,但是他仍然没有刻意加快作品的创作,也没有找任何团队进行代笔,没有急于追求眼前的经济利益,而是潜心写作,不断修改完善文字。拿《米小圈上学记(四年级)》为例,北猫在创作时如果对自己写的故事不满意,他会随时推翻重写;又如在《米小圈脑筋急转弯》的写作过程中,甚至花费了整整一年的时间去琢磨几个情节的转折。

(三)出版社层面

1. 注重发掘和培育新人作家

在少儿出版市场上,儿童名家的作品一直是畅销书的主力军,占据着较大的市场份额。因此,杨红樱、曹文轩、沈石溪等一线儿童作家的作品一直是出版社争夺的资源。这些作品虽然能够给出版社带来较高的收益，但是由于竞争激烈，出版社与名家合作付出的成本较高，同时也会因为能否做好名家名作的出版而面临各方面的压力。

川少社常青社长根据川少社自身的实际情况，并结合上述因素的考虑，认为"不一定要把眼光盯着儿童文学板块最顶尖的那一块，不必往人群扎堆的地方挤"。因此，川少社将作家资源建设的重点放在二三线作家身上，注重培育种子作家，着重培养有潜力的青年作家，"量体裁衣"进行个性化的孵化。

正是因为川少社重视对新人作家的培养，对种子作家投入了足够的资源和精力，耐心等待作家的成长，不抛弃任何一位作家，才使得新人作家有机会展现自己的作品，并不断在市场上站稳脚跟。就如北猫得到编辑明琴的重视和出版社的投入，并且作品幸运地在出版两个月就开始加印，一年内印到了三十万册。

2. 编辑的主动性和创造性付出

畅销书的打造同样离不开编辑的主动性和创造性。新人作者与编辑，正如伯乐与千里马，如果千里马没能遇到伯乐，那千里马的才能终将会被埋没。正因为川少社明琴编辑主动性的判断和敏锐的市场眼光，发现北猫作品的大胆与想象，才使得一匹"黑马"从众多作品中脱颖而出。然而，对于编辑来说，识出"千里马"才意味着刚刚迈出第一步，对于这匹千里马的打造和付出才是至关重要的一步。

北猫说："幸运的是我找到了一位特别懂我的编辑。编辑对我来说非常重要。如果一名作者是拳击手，那编辑就是陪练员，甚至是教练员。我们写作的过程非常艰苦和孤独，我经常需要别人鼓励我，给我打气，甚至有时需要有人逼着自己去练习拳击。编辑还会提出很多修改意见，这些意见会让我不再当局者迷。"在《米小圈上学记》的出版过程中，明琴编辑经过详细的市场调研后，从封面到内文设计，从人物性格到形象呈现，针对各个细节与作者、设计者进行反复的沟通和交流，仔细进行内容和形式的打磨，充分展现了一位编辑的职业责任感和业务修养。

3. 打造 IP 产业链，实现品牌价值延伸

川少社曾表示："要深度挖掘该品牌的 IP 价值，实现《米小圈上学记》系列图书销售和周边产品打造的良性互动、整体推进。"川少社针对该系列进行了全方位的立体式开发，打造图书品牌，充分挖掘作品的价值，事实证明这也取得了良好的成效。

规划多条产品线，形成"米小圈"大家族。在出版《米小圈上学记》一二年级后，市场销售前景较好时，川少社就开始针对"米小圈"进行产品线的规划，逐步推出三四年级的图书分册，并推出几个年级的合集版。除了推出《米小圈上学记》系列分龄图书，川少社还围绕"趣读""趣学""趣想""趣写"等主题规划产品线。在"趣读"主题下，除《米小圈上学记》外，还推出了兄弟篇《姜小牙上学记》，该系列图书以米小圈的好朋友姜小牙为主人公，同样以第一人称的视角讲述了新的校园故事；"趣学"主题下，根据小学生喜爱漫画这一特点，继续沿用了米小圈中的人物形象，将成语通过多格漫画的形式表现出来，寓教于乐，推出了《米小圈漫画成语》四册；"趣想"主题下，为开拓小读者的思维和想象，推出了《米小圈脑筋急转弯》四册；"趣写"主题下，根据小读者写日记和画画的需求，推出了《米小圈日记本》《米小圈图画本》，以此引导小读者记录下自己的学习和生活，爱上写作和绘画。同时推出了《米小圈》杂志，实现书刊互动，使产品线更加多元化发展。2018 年川少社专门成立了明琴工作室，重点打造"米小圈"系列图书、《米小圈》杂志及其他童书作品。

跨界开发衍生产品，进一步巩固品牌形象。除了推出"米小圈"衍生图书品种，川少社还打造了"米小圈"保温杯、文具、徽章、微信表情包、小游戏等多种实体和虚拟文创衍生产品。同时借助现代技术的发展，联合喜马拉雅 FM、懒人听书等第三方平台，开发了《米小圈上学记》有声书、广播剧产品。2019 年年初，根据《米小圈上学记》改编的儿童剧《米小圈》儿童栏目剧在央视一套第一动画中播出，截至 2020 年 2 月已推出两季，真实展现小学生生活的喜怒哀乐，引导孩子们树立正确的价值

观。文创产品、有声书、广播剧、动画片等衍生产品进一步提高了"米小圈"的品牌效应，实现了与图书的良性互动和共同推进。

4.宣传营销手段

一个耐心、可靠、专业的出版社对于新作者来说非常重要，其良好的营销能力以及到位宣传都会对图书的销售产生积极的影响。

精准定位市场需求，开展相关宣传活动。对于童书而言，虽然儿童是图书的阅读者和消费者，但是家长才是图书真正的购买者，因此图书的宣传营销要充分考虑到家长的消费需求，引起家长的注意力。大多数家长购买图书，都希望书能够有营养、对孩子有价值，甚至能够培养孩子的爱好和兴趣。川少社抓住这一点，紧紧围绕"成长""写作"等关键词展开活动，进行长期的、多频次的宣传和推广，例如开展相关主题讲座。2015年，川少社以"写作"为切入点，让作者走进书店和校园，与小读者们进行面对面的沟通与交流，掀起"米小圈"的阅读热潮。其中通过"北猫哥哥的写作魔法""书香进校园"主题，邀请作者北猫进入四川、重庆、贵州、福建等地的校园进行主题讲座，并获得当地电视台、报纸、网站等媒体的多次报道，成功提高了《米小圈上学记》的曝光度，提升了作者自身在小朋友中的人气。

多样化的营销手段。促销手段是图书营销中的一个重要环节，会直接营销到图书的销量。川少社则积极进行全方位营销，借助"米小圈"图书衍生品和其他周边产品，开展促销活动。一方面，大力拓展电商渠道。长期积极与京东、天猫等电商平台合作，通过分年级成套的形式进行宣传和销售，使销量翻倍，并通过赠品、预售等多种形式开展促销活动；另一方面，也重视线下渠道的销售。在2017年《米小圈上学记（四年级）》准备上市时，川少社进行饥饿营销，将新书的首发机会给了新华书店地面渠道，对火爆的网络渠道封闭40天，同时在地面店开展各种主题的营销活动，使得"米小圈"系列一举冲进每周的开卷全国少儿类图书畅销榜。同时借助"儿童节"等节假日，在地面书店进行专台的成列销售，并向小读者赠送精美的"米小圈"品牌的小礼品。

四、精彩阅读

好玩的"的地得"
5月18日　星期三

今天第一堂课是莫老师的语文课,姜小牙为了讨好莫老师,特意跑到她的办公室,帮莫老师把作文本抱了回来。

莫老师对姜小牙说:"姜小牙,谢谢你啦。你可真是个好孩子。"

姜小牙挠了挠头,美滋滋地回到了他的座位。

莫老师打开一本作文本说:"同学们,大家的作文越写越棒了,老师非常高兴。可是老师也发现一个问题,大家在写作文的时候,不太注意

'的地得'的用法。特别是这篇作文，出现了很多'的地得'错误。姜小牙，你来读一读你的作文吧。"

哈哈哈哈……原来这篇作文是姜小牙写的呀。

我回头看了看姜小牙，他还沉浸在莫老师的表扬中呢，根本没听到莫老师在叫他。

"姜小牙！姜小牙？"莫老师向姜小牙走去。

姜小牙的同桌潘美多赶快推了推姜小牙，他这才反应过来。

莫老师批评道："姜小牙，你帮助老师拿作业本，这很好啊。不过，你的作文也要好好写，知道吗？"

"哦，老师，我知道了。"姜小牙赶快低下头。

姜小牙刚被表扬了一次，又被批评了。姜小牙好失望呀。

在莫老师的要求下，姜小牙走上讲台，把他的作文念了一遍。

一篇作文里居然出现了十几处"的地得"错误，怪不得莫老师要批评他呢。

同学们听着姜小牙的作文，都偷偷地笑了。

莫老师对大家说："同学们，都不要笑，可不是姜小牙一个人会犯这样的错误。那个笑得最欢的，对，就是你米小圈。你来说说，'的地得'应该怎么用？"

我米小圈可是写作高手，"的地得"怎么能难得住我呢。

我站了起来，说道："'的'后面跟的都是名词，如'我的太阳，可爱的花儿，谁的橡皮，清清的河水……''地'后面跟的都是表示动作的词，如'用力地踢，仔细地看，开心地笑……''得'前面多数是动词，后面跟的都是形容词，如'扫得真干净，笑得多甜啊……'"

莫老师很满意，表扬道："米小圈，真不错。你能用'的地得'造一个句吗？"

"当然没问题。有了！妈妈说：米小圈，咱们家的地得拖了。"

同学们听完，哈哈大笑起来。

莫老师却并没有笑："米小圈，不许捣乱，好好造一个句子。"

"哦，好吧。我家的地板脏了，我拿起拖布卖力地拖了起来，累得我直不起腰来。"

莫老师说："下面，我来教大家一个'的地得'的口诀。"

莫老师在黑板上写了一个口诀。同学们大声朗读起来。

"的地得"口诀

的地得，不一样，用法分别记心上，

左边白，右边勺，名词跟在后面跑，

美丽的花儿绽笑脸，青青的草儿弯下腰，
清清的河水向东流，蓝蓝的天上白云飘，
暖暖的风儿轻轻吹，绿绿的树叶把头摇，
小小的鱼儿水中游，红红的太阳当空照。
左边土，右边也，地字站在动词前，
认真地做操不马虎，专心地上课不大意，
大声地朗读不害羞，从容地走路不着急，
痛快地玩耍来放松，用心地思考解难题，
勤奋地学习要积极，辛勤地劳动花力气。
左边两人就是得，形容词前要用得，
兔子兔子跑得快，乌龟乌龟爬得慢，
青青竹子长得快，参天大树长得慢，
清晨锻炼起得早，加班加点睡得晚，
欢乐时光过得快，考试题目出得难。

——节选自《加油！足球小将》好玩的"的地得"第 24~30 页

五、参考文献

[1] 陈香.再造川少 [N].中华读书报，2019-07-03（006）.

[2] 冯晓霞.川少社和"米小圈"走红背后 [J].光彩，2019（5）：33-35.

[3] 张红义.如何打造知名童书品牌——以四川少年儿童出版社"米小圈"为例 [J].出版参考，2019（5）：56-58.

[4] 孟捷.《米小圈》为什么能畅销 6000 万册？[J].出版人，2019（8）.

[5] 2017 年销售码洋增长 95%，这家少儿社靠什么引爆市场？[EB/OL].（2018-01-07）[2020-7-21].https://www.sohu.com/a/215209958_211393.

《窗边的小豆豆合集（1-6）》

杜 芳

一、图书基本信息

（一）图书介绍

书名：《窗边的小豆豆合集（1-6）》
作者：[日]黑柳彻子 黑柳朝
开本：32开
字数：896千字
定价：266元
书号：978-7-5442-9725-7
出版社：南海出版公司
出版时间：2020年1月

（二）作者简介

黑柳彻子，日本知名电视台节目主持人，亚洲第一位联合国儿童基金会亲善大使，"社会福利法人小豆豆基金"理事长，"社会福利法人小步的箱子"理事，"日本文学俱乐部"会员。1981年，她根据童年在巴学园的亲身经历，创作了脍炙人口的《窗边的小豆豆》，在日本创下有史以来图书销量第一的纪录，该书被译为33种语言。作品主要将视角放在儿童与教育上，虽然定位是儿童文学，但是父母、老师、孩子等都可以在书中找到自己的阅读视角。

黑柳朝，日本作家，"小豆豆"黑柳彻子的妈妈。1910年生于北海道，她性格开朗，好奇心旺盛，勇于付出实际行动，始终抱着积极乐观的生活态度。代表作有《小豆豆与我》《阿朝来啦》《阿朝在旅途》等。

二、畅销盛况

《窗边的小豆豆》1981年在日本出版后，一年内卖出了450万册，成为日本历史上销量最大的一本书，被翻译为33种语言在全球发售。其英文版在日本国内就卖出了40万册，创下了英语畅销书的纪录。《美国纽约时报》在星期日的书评栏目中，为"小豆豆"发表了本栏目有史以来最长的书评文章。在《时代周刊》的日本特集中用一整页篇幅介绍作者和"小豆豆"，并纳入日、美、英等国中小学生和教师必读书。

《窗边的小豆豆》单本中文简体版销售已突破1100万册，连续10年位居开卷全国畅销书排行榜，被评为影响20世纪的儿童文学杰作，入选九年制义务教育小学语文课本。而该套装简体中文版销量近1700万册。其中《小时候就在想的事》《丢三落四的小豆豆》等中文简体单行本就已突破100万册。在2008—2012年开卷年度少儿类畅销榜排名年位列第一，2013—2016年排列前7名，2017年度再次位居少儿类第一；被《中华读书报》《新京报》、当当网、新浪网评为年度图书；被新华社、《人民日报》《中国教育报》、中央电视台深度报道。

书中所流露出的对儿童的关爱、对教育的重视和对爱的鼓励使读者深受感动。知名作家、安徒生文学奖获得者曹文轩评价："为什么所有人都喜欢《窗边的小豆豆》？秘密在于：其实所有人都是向往如此的教育的。"

三、畅销攻略

《窗边的小豆豆》是日本作家黑柳彻子于1981年，为纪念已逝的小学校长小林宗作先生而创作的，讲述了作者上小学时的一段真实的故事：书中的主人公小豆豆因淘气被原学校退学后，来到巴学园。在小林校长的爱护和引导下，一般人眼里"怪孩子"的小豆豆逐渐变成了一个大家都能接受的孩子。巴学园里亲切、随和的教学方式使这里的孩子们度过了人生最美好的时光。该作品散发着儿童天真烂漫的童趣，透露着儿童无厘头可爱的小心思，反映了儿童对世界的认知以及最初对自我的懵懂的认知。全本总共由六十篇小故事加两篇后记组成。2001年，该书在日本的销量已经超过900万册，成为第二次世界大战后日本最畅销的童书之一。2003年新经典文化将其从日本引进中国内地，由南海出版公司出版。

《窗边的小豆豆》单行本的畅销促使新经典开发系列套装本（共6本），虽然每本内容都是围绕小豆豆展开，但又是独立的板块。每本书都有自己独特的主题，本文将从内容和营销两个层面分析《窗边的小豆豆合集》畅销的原因。

（一）内容

一部日本儿童文学，一套可以算作作者自传性质的书籍，为什么不仅在日本取得了巨大成功，而且在国际上也声名鹊起？我想只有你亲自读过后才会明白为什么联合国儿童基金会主席会说"再没有比她更了解孩子的了"，也会明白为什么教育专家孙云晓对它的评价是："《窗边的小豆豆》令人惊讶地证明了童年是永恒的，是跨越时空的，是有特殊价值的。黑柳彻子对童年的发现与证明，不亚于爱因斯坦发现相对论。"

因为书中作者的视角是孩子、是教育、是爱，这些是没有国界的，是任何一个人都需要的。虽然是作者的个人经历但是内容却具有"普遍性"，因为"普遍性"所以中国的读者会产生强烈的情感共鸣。

1. 内容的"普遍性"

在阅读完套装6本书籍后，笔者总结了《窗边的小豆豆合集》的如下几个关键词。这几个关键词贯穿文本的始终。

（1）教育。《窗边的小豆豆》以小豆豆因为在原来的学校"调皮捣蛋"，被老师列入"坏孩子"的行列而被开除为背景展开整个故事。小豆豆的妈妈因为怕伤害孩子的自尊心而没有告诉她被开除的事实，而是带着她来到巴学园，一个专门为"调皮捣蛋"和不被其他学校容忍的孩子而建立的学校。小豆豆从第一次进巴学园就感觉到了这里的与众不同，巴学园独特的教育方式改变了小豆豆的一生。

　　这里的教室是电车，上课不用像其他学校那样严格按照课表，而是可以根据自己的爱好选择每节课的学习内容。所以每一堂课有的在写作文，有的在做实验，有的在画画。这里有位和蔼可亲的小林宗做校长，他初次见面就可以耐心地听小豆豆讲4个小时的毫无逻辑的话。他为身材矮小患有残疾的高桥君专门设计体育项目，只是为了让他在运动会上通过自己的优势和努力拿到第一名，校长希望他在怀有身体上的自卑心理之前，不要忘记夺得第一名时的自信。小林校长在看到"我"为了找掉进便池的钱包而将掏出的排泄物堆放在一边时，只是说了一句"记得把它们放回去哟"。

　　巴学园里有我们每个人童年对理想校园的憧憬，这里平等尊重，小孩子表达的欲望得到满足。这里小班教学，每个班只有几个人，老师有足够的精力关注每个学生。巴学园上课形式丰富，可以野外散步，可以露营泡温泉，可以爬树，也可以找"妖怪"。同时注重实践，老师请真正的"旱田"老师来给孩子们讲解庄稼知识，孩子们可以到农田干活。这里因材施教，每个孩子可以做自己喜欢的事情，而老师则提供一切你需要的东西。这里满足你的好奇心，不会像小豆豆原来的学校那样因为好奇而被责骂，在这里孩子们好奇电车是怎么运到学校的，校长就允许孩子们在学校过夜目睹电车的搬运过程。这里鼓励表扬，这里的老师从来不会打骂学生，即使是做错事，也只是说"请为这件事道歉"。校长说得最多的就是"小豆豆，你真是个好孩子"。

　　一个孩子的成长除了来自学校的教育，家庭教育也至关重要。在小豆豆被投诉要求退学时，小豆豆的妈妈没有责备小豆豆而是带她找新的学校，并怕伤害孩子的自尊心而选择隐瞒。这是因为在妈妈的眼里小豆豆的一切搞怪只是好奇心在作祟，所以她选择遵循孩子的成长个性。在小豆豆因为钻篱笆割坏衣服怕被责骂，而撒谎说是小朋友朝自己背后扔刀子时，妈妈选择相信她，只是说"啊，是吗？那太可怕了"，这是妈妈在包容孩子的天性。在阅读完作者妈妈的《小豆豆与我》后你会发现，小豆豆和妈

畅销书案例分析　第七辑

妈多像呀！妈妈因为知道家庭和睦对孩子的重要性，所以总是做爸爸和孩子沟通的桥梁。妈妈从来不打骂孩子，而是一起分享快乐和难过，把自己放在孩子的角度，所以她一直是孩子们的朋友。也因为妈妈经历过婚姻生活，所以她选择尊重孩子的意愿，从不强求。

对孩子教育的重视不分国界和语言，所以乐园般的巴学园生活让孩子们和父母老师都心生向往。我们都想拥有小豆豆那样的妈妈，就如同每个妈妈都希望自己可以做到和小豆豆妈妈一样。作者很好的将教育这一主题贯穿其中，引起不同身份读者的共鸣。

（2）关爱。爱是一个永恒的主题，是每个人成长道路上不可或缺的东西。那么作者是如何表达这一主题的呢？作者通过一个个真实的小故事向读者诠释了关于爱和被爱。

《窗边的小豆豆》里有小林校长平等无差别的老师关爱，为了让孩子们不偏食，校长要求每餐必须要满足有"山的味道"和"海的味道"。为了怕孩子们攀比，校长会为没有山的味道或海的味道的小朋友准备对应的食物。游泳课上校长要求所有人都光着身体，是想告诉孩子们"无论什么样的身体，都是美丽的"。这里也有同学之间互帮互助的友情之爱，有小豆豆为了帮助患有小儿麻痹症的泰明爬树，在烈日下也从未想过要放开他的手。有在茶话会上税所爱子的心里话："阿良，有一次我摔倒了，你给我包扎起来。谢谢你，我不会忘记的。"

《小时候就在想的事》里妈妈为了让小豆豆过一个开心的圣诞节，即使战争已经爆发，物资严重短缺，妈妈还是四处寻找给小豆豆买了一个球拍。而小豆豆没有因为没有得到梦想的蝴蝶结而伤心，相反隐藏了自己的小心思。妈妈和小豆豆都深深地爱着对方。因为怕和自己一样患有结核性髋关节炎的小女孩看到自己痊愈出院，而她则没有治好而伤心，小豆豆在路上看到那个小女孩都绕道走，就是怕她觉得自己太可怜了。只有五岁的小豆豆就知道去在乎别人的感受了。

《小豆豆与我》里作者的妈妈黑柳朝更是以细腻的笔触写了自己和女儿相处的点点滴滴。妈妈为了不拖累子女，为了给彼此留下生活的空间而选择独自生活。女儿时常鼓励想要尝试新生活的妈妈，尊重妈妈的选择，不断地为妈妈的事业出谋划策。一封封信件表达了女儿对妈妈的感恩和爱，而妈妈记得所有关于女儿的记忆。正是这份爱支撑她们熬过战争，熬过生活的苦难。

《小豆豆和小豆豆们》则是作者历时 13 年，遍访 14 个国家，作为联合国儿童基金会亲善大使时的所见所闻。她曾为了坦桑尼亚的孩子们喝上干净的水而四处奔波筹款，曾被尼日尔人民亲切地称呼为"降雨亲善大使"。在印度，面对因为没有疫苗而身处死亡边缘的孩子，她眼含热泪。她握着因为营养失调，像老人一样的婴儿的手，为自己的无能为力道歉。在柬埔寨，看到九千多个头盖骨，她祈祷："请不要让这样的悲剧再重演。"作者用文字记录下无数孩子看到的世界，自由、和平是他们最奢侈的礼物，疾病、战乱是他们无尽的梦魇。作者用自己的实际行动回报自己所得到的关爱，此时的爱是大爱，是超越国界的爱，也是巴学园里无差别的爱的延续。

（3）希望。《窗边的小豆豆》的氛围随着一个个小故事逐步走向沉重，但即使是描写战争的残酷，作者的笔触也是隐晦而含蓄的。例如，通过身边人一个个陆续参军、糖果贩卖机再也出不来糖果（物资匮乏）、食堂的饭菜由最初的有鱼有肉到后来的鱿鱼干再到最后的吸吮树皮、后来巴学园被战火炸毁等，作者并未对战争的暴力残酷做过多的描绘，书中没有提及死亡，没有涉及血腥场面。即使是面对被毁的学校和家园，作者整本书的基调都是有趣而充满诗意的，阅读时的感受是温暖的，眼眶是湿润的。

《小豆豆频道》记录的是小豆豆初入社会，遭遇否定、斥责、嘲笑的两年。但面对种种来自社会的挑战，全书所传达的信息没有抱怨，更多的是积极鼓励自己，去战胜去适应。《小豆豆和小豆豆们》里作者所到之处无不是战争、贫穷、饥饿与死亡。作者呈现给我们的具体情境本应是绝望和无助的，但作者偏偏不这样，她舍弃了由这些恐怖的天灾人祸所可能招致的怨恨、恐惧、暴力与血腥，而处处记录爱，传达宽容与理解。失去家人的流浪儿深夜在街头紧紧相拥入眠；孟加拉国专门为妇女穷人开设的格莱珉银行；失去家人的九岁女孩怀里抱着素不相识的弟弟。虽然这本书里的孩子们没有一个和平稳定的环境，但是他们仍然满怀着爱与希望。

2. 内容的"真实性"

《窗边的小豆豆》是作者的儿时自传，讲述的是作者黑柳彻子即小豆豆上小学时一段真实的故事，巴学园是真实存在的。1937年成立到1945年因战争被毁，笔下的人物也是真实可寻的。

《小时候就在想的事》中小豆豆回眸当年，发现长大后的所思所想、所作所为都源于自己的童年。小孩子也在考虑大未来，只是大人老是盯着他们的小毛病。通过被退学后的一些记忆深刻的事才发现原来自己的个性从小就已经是那样了。

《丢三落四的小豆豆》可以看作小豆豆的笑话集，通过一个个啼笑皆非的故事来告诉读者无论什么样的人，上天都会赐予他一项出类拔萃的才能。那些故事现在看来是幼稚和可笑的，但那就是童年应该有的模样。

《小豆豆频道》可以看作《窗边的小豆豆》的续集，因为一个是关于上学那两年的记忆，一个则是小豆豆初入社会，初次面临职场所遭遇的否定、迷茫。为什么我们会和作者感同身受呢？因为那也是我们的人生，我们也曾面临那样的迷茫和无助。

《小豆豆和小豆豆们》是作者功成名就后担任亲善大使后的所见所闻，这本书的表现形式上和其他系列有所区别，书中将原本的插画换成了真实的照片，这实际上是作者在记录她见到的真实的世界。

《小豆豆与我》则是作者的妈妈记录的关于自己和女儿的点滴，有儿时的回忆也有长大后的生活，笔触平实，向读者展示了小豆豆与妈妈一起成长的时光。

通过以上简单的梳理，我们可以看出，"小豆豆"系列在巴学园上学开始到作者老年仍然为那些需要帮助的孩子们奔波结束，短短的6本书记述了作者的一生。正是因为这是作者不带任何虚构的亲身经历，通过这样一个平凡甚至有点"坏孩子"的小豆豆形象，作者告诉我们每个孩子都是独一无二的，是上天赐予的礼物，他们出生的时候都是好孩子。

真实性使读者更能产生反思，即使作者从头到尾从未批评过传统教育的不足，从未告诉父母老师要如何培养孩子，社会应该为未来一代做些什么。但是我们在阅读的时候因为知道这是真实发生的事情，是真实存在的人所经历的真实的事，所以我们没有假设的机会。这比那些虚拟的讲大道理的内容更能触动内心。即使我们会狡辩说现行的教育体制下，完全实行"巴乐园"那样个性化的教育是不现实的，但巴学园的一些本质的东西，比如对孩子个性的尊重、对孩子兴趣爱好的培养、对孩子的因材施教、教育环境的特色安排、孩子的关爱和赞美等都是值得家长和老师反思的。

3. 编排的"特色性"

首先，在内容的呈现形式上采用的是小故事的形式。每本书都由60~70个小故事组成，每个故事内容独立但是又紧扣整本书的中心。每个故事都尽量控制在 4~5 页的长度，这使读者阅读起来没有压力。将故事的趣味性和短篇幅相结合符合儿童的阅读特点，因为孩子的注意力有限，这样的编排形式保证了小读者在有限的注意力下读完整个故事。而相对独立的内容使得每次开始都是新的内容，一方面，可以引起读者的兴趣，另一方面，也不需要在开始新的内容时回忆前面的内容，可以轻轻松松地在一到两天内读完整本书。

其次，图文结合。作者在《窗边的小豆豆》后记中也特别提到了，为了选择合适的插画，作者每个月都要去岩崎千弘绘本美术馆挑选图画，岩崎千弘女士将西洋的水彩画与东洋传统的绘画技巧融合在一起，创造了独具一格的富有动感而又细腻的表现方式。儿童是她一生不断描绘的主题，书中的小豆豆天真、活泼、神态灵动。她生动地表达孩子们的神态，天真烂漫的插图拉近了与孩子的距离，对该书的成功起到了一定的促进作用。

（二）营销

1. 打通自有线上营销

《窗边的小豆豆》单行本由新经典 2003 年引进，南海出版公司出版。新经典是一家兼具图书策划和发行的上市公司，通过近几年的发展已经打造了相对成熟的内容运营体系。新经典副总裁黎遥曾在接受采访时表示：
"营销好比做蛋糕的厨师，以前在介绍自己的蛋糕时总说'这蛋糕特别好吃，吃一口会感觉飘飘欲仙'；而现在，大多数人都会介绍蛋糕里面粉、水、蛋、糖的含量。"他提到营销不能娱乐化，"一本书并不需要过多的诠释，只要把它背后的故事讲出来就可以了，读者自有判断和选择的敏锐能力。我理解的营销就是借助一切可以利用的工具，告诉读者我们策划了这本书，它是什么样的故事内容，你在哪里可以看到它的内容，关于这本书的一切读者该知道的信息。新经典将线上营销与线下营销相结合，在坚持传统营销的基础上，利用互联网的特点打通线上营销服务。这些都为《窗边的小豆豆》的营销起到了很大的推动作用"。

线上营销主要包括三大板块：①自有媒体，主要包括新经典悦读官方网站、官方微博，微信公众号包括：新经典文化、爱心树童书、极简史、偶然 Timing、bibi 动物园，公众号形式多样、内容丰富，从多个角度深入读者群。②平面媒体，主要是指与新经典合作的报纸和杂志。③网络媒体，指和新经典合作的门户网站。

在即将推出新书时，新经典在自家的官方网站、微博、淘宝旗舰店等滚动播放新书信息。利用新经典、爱心树童书等微信公众号介绍关于书籍的创作故事，将新书的信息传达给读者。

2. 定制专属线下营销

线下营销主要采用产品促销、活动公关、会议会展等手段来进行"一对一"的品牌宣传和产品助销服务。线下营销相比线上更加的灵活和多变，往往没有固定的营销模式，可以根据每本图书的特点为其量身定制线下的营销模式。

例如，初期在对《窗边的小豆豆》单行本进行推广时，就对其制订了专属营销推广方案。

（1）组织读书会。2003 年 6 月出版以后，新经典就深入北京地区的中小学，组织读书活动来邀请孩子们一起读这本书，直接把书送到目标读者的手上。让读者直观地感受该书的魅力，达到了成功宣传的目的。

（2）向校长、老师赠书。通过向老师们推荐书籍，他们在阅读后确定这是一本值得孩子们阅读的书籍，便会向学生和家长推荐，然后口口相传。

（3）阅读征文活动。新经典在传统媒体和网络媒体开展阅读征文活动，对优秀的文章进行奖励。在社会上掀起了"小豆豆热"。

猿渡静子在采访中说道："我们的坚持不是盲目的，而是有一个基本的整体把握。重要的不是对别人面不改色心不跳的宣传，而是在面对自己的时候还能认为自己做的是好书，并且真正读懂它，确实了解它的特点。"只有真正理解了书的内容才知道怎样向读者传达出它的与众不同，宣传往往在精不在多。

3. 依托特色封面营销

（1）封面。每本书在大框架相同的情况下各有特色。比如六本书都是采用温馨的粉红色底加白色底中间放插图和标题的形式。插画风格和内文一样，《窗边的小豆豆》穿着粉红色毛衣，顶着一头黄黄短发，双手抱拳的小豆豆，没有过多复杂的修饰，简单易懂，画面简约大方，鲜明的人物形象突出主题，吸引读者的注意力，符合儿童的心理，同时暖暖的色调也符合书中温馨的故事。其他封面也以简洁、温馨为主。除了《小豆豆和小豆豆们》一书的封面使用的是作者站在一群黑人小朋友中间的照片，这也与整本书的基调相呼应。

（2）封底。以《窗边的小豆豆》为例共有三段文字，其中"世界上最可怕的事情，莫过于有眼睛却发现不了美，有耳朵却欣赏不了音乐，有心灵却无法理解什么是真。不会感动，也不会充满激情"和"我常常想，如果今天还有巴学园，可能就不会有孩子不愿意上学了吧。因为在巴学园，放学后孩子们也不愿意回家，而且第二天早晨，又眼巴巴地盼望早一点到学校去。巴学园就是一所充满魅力的学校"两段文字，第一段是哲理煽情性，第二段是童真朴实性，情理并重，有很好的宣传效果。其余基本采用相同的模式，勾起读者的阅读兴趣。

（3）腰封。每本单行本都设计有腰封，在腰封的内容设计上具有以下几个特点：

①宣传语利用名人："再没有比她更了解孩子的了——联合国儿童基金会主席 James P. Grant。"

②利用数字：中文简体版突破1100万册，连续10年位居开卷全国畅销榜。

③利用媒体：新华社、《人民日报》《中国教育报》、中央电视台深度报道等。

④走心的文字："无论什么样的人，上天都会赐予他一项出类拔萃的才能。"

⑤选取文中的内容："即使大家都觉得我毛病很多，比如天天蹿来蹦去，没有一刻安静，一发现有趣的事情马上凑上去，见到一个坑就要跳进去，不听大人的话，可是我仍然在听，仍然在思考。小学低年级的我，在大人看来只是一个让人无计可施的差劲的孩子。那时候谁能想象得到，我正在思考怎样才能做一个有教养的人。"通过走心和发人深省的文字引发读者的情感共鸣，勾起读者的阅读欲望。

四、精彩阅读

一般的学校都是按照每个时间段，有顺序地上课。比如第一节课是语文，就上语文；第二节课是算术的话，就上算术。可是这个学校不一样。在第一节课开始的时候，女老师就把当天要上的所有的课，还有每一节课要学习的所有问题点，满满地写在黑板上，然后说："下面开始上课，从你喜欢的那门课开始吧。"

于是，小学生们就从自己喜欢的那门课开始学习……喜欢作文的小学生在写作文，后面的位子上，喜欢物理的学生点起了酒精灯，把烧瓶烧得"咕嘟咕嘟"冒泡。这样上课的话，随着年龄地升高，老师就能逐渐掌握每一个学生的兴趣所在，以及他感兴趣的方式、对问题的思考方式等。对老师而言，在了解学生的基础上因材施教，是最有效的上课方式。

——节选自《窗边的小豆豆》第 31~32 页

钻铁丝网的时候，裙子当然撕破了。但是这一会儿破的样子很奇怪，不像裙子被钩住了划开那样，而是从背上到屁股那里，共撕开了七个大口子，破破烂烂的像是背了一个掸子。小豆豆知道这件裙子虽然旧了，却是妈妈喜欢的，她拼命地想一个好办法。因为说"是钻铁丝网的时候划破了"，很对不起妈妈，哪怕是撒个谎也一定要显得"实在避免不了弄破，实在没有办法"才好。想啊想，小豆豆好不容易想出了一个好理由。

回家以后，小豆豆对妈妈说：刚才，我在路上走的时候，别的孩子都往我背上扔刀子，才成了这个样子。"一边说着，她一边担心"妈妈要是仔细问怎么回事，可就麻烦了"。好在让人庆幸，妈妈只说了一句："啊，是吗？这可太吓人了。"

——节选自《窗边的小豆豆》第 104 页

小学低年级的我，在大人看来只是一个让人无计可施的差劲的孩子。那时候谁能想象得到，我正在思考怎样才能做一个有教养的人，因而在一字一句地读契诃夫的文章呢？一个刚上小学一年级几个月就被退了学的孩子，居然在想怎么去做有教养的人，还有一个人在默默思考！即使大家都觉得我毛病很多，比如天天蹿来蹦去，没有一刻安静，一发现有趣的事情马上凑上去，见到一个坑就要跳进去，不听大人的话，可是我仍然在听，仍然在思考。

——节选自《小时候就在想的事》第 26~27 页

和我约会的男子对我说："吃惊的时候，还是好好看明白再惊讶为好。不然会吵着别人。"

现在想来，这是非常亲切的忠告。可当时我觉得"明明看起来就像企鹅嘛"，心里有些不舒服，便反驳说：

"那么，我这样说行不行？'哎呀，那边那个把头探进塑料桶的东西，看起来真像企鹅，可是这一带不会有企鹅，我还是好好看一看吧！仔细一看，原来是一只猫，可这只猫黑白相间，花纹和企鹅一模一样！哇，真让人吃惊！'这样可以了吧？"

我和那个人，后来就没有了交往。

——节选自《丢三落四的小豆豆》第 13 页

近江导演虽然是对着哭泣的女孩说话，但是似乎也想让小豆豆他们一起听，他说道：

在录影棚里哭，就是纵容自己的证据。真到了迫不得已时，人是没有工夫哭的！有哭的工夫，还不如好好想想怎样才能把剧演好。如果真的想哭，就到河滩上去哭。从今天开始，你们都要记住，在录影棚里哭是可耻的！想哭的时候，一个人到河滩上哭！"

——节选自《小豆豆频道》第 185 页

"啊，你用红色试试，红色多漂亮啊。"我试着对他说。谁知他却回答："我讨厌红色，我就是喜欢黑色。"说完，继续涂他的黑色。

男孩看上去大约八九岁。我问："你几岁啊？"他回答："不知道。"听说他什么也不记得了。我曾经遇到过不少这样失去记忆的孩子。

人要是经历了太多恐怖的事情，上帝似乎便会安排他患上"健忘症,"让他不再记起过去那些可怕的事情。然而这又何尝不是可怕的事情。

——节选自《小豆豆和小豆豆们》第 269~270 页

人无论住在哪里，都应该心平气和，因为地球上任何一个角落都可以成为自己的故乡；无论有没有钱，都要有信心过上幸福的生活，也要洒脱地认为这个世界上所有事情都有自己的一份责任，不要只是充满怨气。

——节选自《小豆豆与我》第 152~153 页

我最讨厌把孩子训哭了，所以从小豆豆小时候开始，我一次也没有大发雷霆、歇斯底里地训过孩子。不管多小的事，我们都会一起高兴、一起愤怒，美好的东西会一起欣赏和感激，不管有多少好吃的东西，我们都会分享、一起品尝。如果有快乐的事，两个人一起为之雀跃，一边听着她说感人的电影，一边和她一样觉得温暖。我和彻子一直都这样相处。

——节选自《小豆豆与我》第 101 页

五、参考文献

[1] 张硕."新经典"的出版经营活动研究 [D]. 保定：河北大学，2015.

[2] 王园园."新经典"外国文学作品出版研究 [D]. 保定：河北大学，2017.

[3] 李好. 新经典：文学出版的慢生意 [J]. 新财经，2012（1）：64-65.

[4] 吴靖佳. 做儿童认可的教育——以《窗边的小豆豆》为例 [J]. 科学咨

询（教育科研），2020（1）：79-80.

[5] 郭悦.从《窗边的小豆豆》看日本的传统文化教育[J].教育现代化，2019，6（81）：311-312.

[6] 新经典十年传奇："做书就是做口碑".《中华读书报》（2013年02月27日06版）.http://epaper.gmw.cn/zhdsb/html/2013-02/27/nw.D110000zhdsb_20130227_2-06.htm.

《狼王梦》

邓 楠

一、图书基本信息

（一）图书介绍

书名：《狼王梦》
作者：沈石溪
开本：32 开
字数：158 千字
定价：26 元
书号：978-7-5342-5639-1
出版社：浙江少年儿童出版社
出版时间：2009 年 10 月

（二）作者简介

　　《狼王梦》作者沈石溪，原名沈一鸣，祖籍浙江慈溪。1952 年出生于上海。1996 年赴云南西双版纳插队，在云南生活了 36 年。20 世纪 80 年代初开始文学创作的沈石溪，在儿童文学和成人文学方面都有不俗的成就，作为两栖型作家，其已有 500 多万字作品出版。沈石溪创作的动物小说别具一格，有"中国动物小说大王"之称，曾获"全国优秀少儿图书奖""全国优秀儿童文学奖""冰心儿童图书奖"等多种奖项。代表作有

《第七条猎狗》《一只猎雕的遭遇》《狼王梦》《红奶羊》《象母怨》等。他所创作出的一系列动物小说，对中国当代儿童文学创作题材领域的拓展和扩大，审美观念的更新和变化，都具有较为突出的贡献。

二、畅销盛况

《狼王梦》自2009年11月由浙江少年儿童出版社出版以来，平装本、精装本及注音本，累计发行已突破700万册，连续数年荣登国内童书销售榜前10名，连续74个月占据少儿畅销书排行榜，6年销量超过450万册，码洋超1.5亿，在国内动物小说市场占据了近80%的份额，并将这一纪录保持8年之久。此外《狼王梦》还多次获奖，例如1992年获台湾地区"第四届杨唤儿童文学奖"，1994年获台湾地区"优选少年儿童读物奖"，2008年获国家新闻出版总署"向全国青少年推荐百部优秀图书"等奖项。《狼王梦》影响了很多代读者，创造了中国童书市场一个又一个小小的奇迹。同时，《狼王梦》还输出至俄罗斯、英国、法国、韩国、日本、越南等十余个国家，在世界各地的童书书架上占有了一席之地，并得到国家新闻出版广电总局"丝路书香"工程重点翻译资助，还将陆续出版孟加拉语版、罗马尼亚语版、印地语版等多个语种版本。

三、畅销攻略

（一）文本特色

沈石溪的动物小说本是一个小众读物的小板块，但近年来沈石溪创作的动物小说成了一种现象级作品，开拓了少儿图书的大市场。沈石溪现象的产生可以从内在原因和外在原因来深入探究。首先，"内容为王"是图书畅销的真理，优质的文本内容便是推动图书畅销和长销的原动力。沈石溪的动物小说不仅提倡健康的"生态道德"，还洋溢着竞争哲学和拼搏理念，是兼具文学性、知识性、社会性和趣味性于一体的好故事。浙江少年儿童出版社的编辑们是从打造能够代表本民族精神的原创童书品牌的角度来定位、打造沈石溪的作品，让好故事深入人心。然而，作为一本畅销书,"沈石溪的动物小说"却一直争议不断,这个争议背后的价值取向和价值判断更值得探究。

1. 主题内涵

从整体而言,随着我国社会的快速发展,物质生活日益丰富,人民群众的精神需求和文明诉求愈发迫切,并且生态道德和生命意识变得愈加凸显和重要。沈石溪在《"动物解放"和"动物福利"》一文中谈到:"我们应当学会尊重动物,尊重另一类生命形式,别把除了我们人类外其他所有的生命都视作草芥"。少年儿童天性喜好动物,但其实夸张一点说,整个人类在潜意识中都存留着喜好动物的自然属性。从根本而言,儿童文学是为弱小生命形态服务,对生命平等的追求是儿童文学的核心艺术理念。在复杂的人类社会中,动物与儿童都处于弱小地位,儿童较少被社会化,有突出的原始生命特征,这使其最容易与动物产生共鸣,所以动物永远是孩子的最爱。这是沈石溪的动物小说畅销的文化内涵前提。

《狼王梦》主要讲述了年轻的母狼紫岚,为实现丈夫成为狼王的遗愿而把自己幼崽训练为狼王,努力付出了半生心血,与同类、自然和命运相抗争,最后梦想破灭,悲壮死去的故事。父爱的缺失、母爱的异化、残酷的现实生活注定了这是一个无法实现的狼王梦。在培育狼王的过程中,紫岚和狼崽一次次失败,都没有让紫岚放弃梦想,它不断坚持并为此付出了惨痛的代价。在此过程中,紫岚的教育方式一直是学界讨论的焦点,投射在人类社会的教育的利弊应该引起我们的警觉并做出改变。

2. 内容特色

动物小说作为一种特殊的文学表现形式,其文章主题是动物,对动物生活的描写有利于我们了解动物生存的真实状态,也是对自然的反映。沈石溪的动物小说利用"科学观察方法+艺术虚构手法"这种独特的艺术形式,使作品真实精彩,在获得科学知识的同时也具有强烈的阅读美感。通过独特的叙述视角对动物内心进行深入描写,避免了小说写成动物寓言的危险。

（1）动物小说的全新定位。《狼王梦》成功突破了传统文学作品中狼凶险贪婪、阴险狡诈的邪恶形象，作者深入"狼"这一艺术形象的内心世界，艺术地创造了狼的性格文化，以及动物世界的"丛林法则"。这部作品中，人只是故事情节的参与者，狼才是主体和文章的描写视角，独特的创作视角使得狼有了更多展示真实之美的空间和机会。以狼的本能和习性为写作基点，比照人类情感创作狼的情感和内心世界，通过变换叙述角度，以合乎逻辑的想象和科学严谨的推理，模拟动物的内心世界进行心理描写。通过对狼的行为和情感的描写，使得狼的形象跃然纸上，帮助读者通过独特视角感悟动物世界。

《漫议动物小说》一文中，沈石溪提到了动物小说的写作要点：第一，"严格按动物特征来规范所描写角色的行为"；第二，"沉入动物角色的内心世界，把握住让读者可信的动物心理特点"；第三，"作品中的动物主角不应当是类型化的而应当是个性化的，应着力反映动物主角的性格命运"；第四，"作品的思想内涵应是艺术折射而不应当是类比或象征人类社会的某些习俗"。《狼王梦》的写作方式将以上体现得淋漓尽致，例如紫岚等狼的形象以及觅食、求偶、狼群的等级分化等特殊行为，基本上都是符合狼群的生活特征；以紫岚的视角代入文章发展，心理的变化呼应其行为改变，帮助读者体会其心理发展。此外，《狼王梦》中共出现了13匹狼，作者对每一匹狼都赋予了明确而独特的个性特征；不仅如此，文章中个别情节的描写不仅是对动物生命本性的表现，更是与人类社会的类比。通过作者独特的艺术手段，将狼的形象及其生活环境的神秘特质显现出来。

（2）强烈的悲剧和矛盾。《狼王梦》的一个显著特点，就是文中悲剧气氛的制造和渲染。悲剧的根源在于历史的必然要求和这种要求的不可实现性，悲剧的定义就是将有价值的东西毁灭给人看，是一种不应发生而又发生、可能解决又未能解决的情境。《狼王梦》可以说是对失败者的礼赞，文章中的悲剧氛围就像日卡曲雪山冬日的雾岚，弥漫在读者内心。为了完成亡夫的狼王梦，母狼紫岚想尽办法培养黑仔、蓝魂儿、双毛，甚至为此隐藏母爱，但现实却残酷地捉弄着壮志难酬的紫岚。她的孩子一个个地死去，"狼王梦"一次次的破灭，以至于它不得不将梦想寄托在第三代狼崽身上，并心甘情愿为其与凶猛的金雕在蓝天白云间同归于尽。《狼王梦》结尾沉重悲惨，却能引人深思和遐想。这就是悲剧的力量，优秀的悲剧不是使人沉沦，而是唤醒积极的精神力量，在悲剧中激发向上的激情，给人感动至深的印象。

（3）曲折而连贯的故事情节。儿童天性活泼，专注时长较短。为引导增长少儿阅读的专注时长，《狼王梦》利用小说写作手法讲述"狼"的故事，文章情节设置跌宕起伏，惊心动魄，让人欲罢不能。《狼王梦》故事的主角——无法做狼王的母狼紫岚，它的"梦"是帮助自己的丈夫和小狼们做狼王。"狼王梦"的序幕是有狼王相的丈夫黑桑在与狼王对决前夕意外惨死。文章第一个高潮是紫岚产子后，在狼崽中选中最有天赋成为狼王的黑崽进行培养，但黑崽却被鹰叼走。第二波高潮是继承狼王梦的蓝魂被捕猎铁夹夹住，紫岚为了不让其痛苦只能将其咬死。不甘心的紫岚掀起了第三波高潮，三子双毛从小受尽两个哥哥的欺压，胆小懦弱，最无狼王相。紫岚为了唤醒其野性，和小母狼媚媚一起侮辱它。沈石溪十分了解读者的阅读心理，往往最不起眼的人物最有可能完成不可能完成的事情。就在双毛即将成功之际，故事再次发生转折，双毛在挑战狼王时，内心根深蒂固的懦弱胆怯再次闪现，它功亏一篑，被狼王咬死。但此时作者又给了读者新的希望，小母狼媚媚的孩子再次唤醒了紫岚心中的野性和烈性，狼王情结再次被唤醒，为了让孙辈安全成长，紫岚最终选择与鹰同归于尽。全书以悲剧收场，让人不胜唏嘘、感慨万千。

作者用陡转的方式精心布局每一个故事情节，在不断的转折之中引导缺乏阅读耐心的少儿读者进入故事，领悟文章中的辉煌与残忍、母爱与成长、软弱与刚强，使儿童读者"悦"读乐此不疲。

（4）独特的自然之美。《狼王梦》利用大量的篇幅对自然环境进行描写，对周边景色的细致准确描写。例如在紫岚即将生产时，"天渐渐地黑了，近处的灌木丛和远处的草原都变得轮廓模糊，最后被漆黑的夜色吞噬了，只有身后那座雪峰在深蓝的夜空中散发着白皑皑的光亮。""秋天像个流浪汉，穿过日曲卡雪山岔口，来到尕玛尔草原游荡，寒风吹来，草尖开始泛黄，枯落的树叶在空中飘来飞去。"通过对环境的描写衬托出紫岚生存不易。作者将自己的经历和体会到的在大自然中动植物的无限生机自然地融入文章中，用狼的视角将自然生态逼真地描写出来，并且通过大量的环境描写细致地刻画出狼在自然环境中的生存状态。《狼王梦》的情节发展和狼的"感受"都有相应的环境作为衬托，并且起到了一定烘托渲染故事氛围的作用。丰富的生活经历使作者明白，变化多端的自然环境和天气是动物一生都要面对的挑战，所以作者对狼的生存环境的描写更是暗示在平静的美景之下暗涌的种种危机。例如"紫岚刚生完五只小狼崽，古河道上狂风骤起，电闪雷鸣"，"本来，惊蛰的春雷已经轰响，草原上的积雪已开始融化，光秃秃的树枝上已经开始绽出星星点点的嫩芽，狼群正准备各自散开，老天爷突然又刮起了西北风，又飘下了鹅毛大雪，又把狼群推到了饥寒交迫的境地……"

动物是依托自然环境生存的，作者对自然生态的描写，不仅是描写其生活环境，更是说明了生命体在与自然相处时要顺应自然、敬畏自然，及时改变自身条件的生存法则，更是唤醒读者与自然界万物相融合的意识。

（5）全面的心灵体验。现阶段儿童培养的重点都集中在智力教育上，忽略了儿童好奇、亲近大自然的天性，没有重视大自然对儿童心灵熏陶的作用。在阅读领域，单纯靠描写人类社会的读物不利于健康健全人格的培养。少年儿童与大自然、动物的沟通对话能引发少儿对生命的深刻认识。

沈石溪认为，"生活并非都是美好的，人生本来就充满了各种色彩。孩子们的成长需要了解、体验人生的苦难，这也是儿童文学无法回避的主题"。《狼王梦》中对自然环境和感情（尤其是母爱）描写，使得读者不仅充分感受了自然之美和情感的细腻，更是身临其境地体会到了动物世界残酷的生存法则。每一次暴力冲突都将动物的智慧、勇敢、合作、坚忍和剽悍直观地展示给读者，借助狼的生存方式和环境巧妙地折射出现实世界中人性的复杂和残酷，真实而又深刻地向涉世未深的少年儿童揭示了大千世界的错综复杂，使其从单纯和善良中窥见到人生社会的本质，潜移默化地暗示物竞天择、弱肉强食、优胜劣汰、适者生存的丛林法则是无法回避的现实。沈石溪从猛兽凶禽身上折射出的人性亮点和生命光彩，在猛兽凶禽身上寻觅到的人类在进化过程中失落的优势，对读者起到引导、抚慰、激励和锻炼的作用，帮助读者建立健全的生命体验。

（6）存在的艺术争议。以《狼王梦》为代表的沈石溪作品在问世以来一直备受争议。争议的主要论点莫过于沈石溪的动物小说是不是"动物小说"。20世纪以来，动物小说逐渐遵循西方文学中的样式，例如加拿大作家西顿的《我所熟悉的野生动物》、灰枭的《莎乔和她的海狸》等专业作家的文学作品，他们的作品艺术规范大体相同。其中，最具代表性和影响力之一的西顿，他的动物小说的艺术特征表现在三个方面：第一，严格的动物属性。作品中动物必须是实际存在的，背景发生地必须是动物可以生存的地域。第二，动物没有人的思想、意志和情感。可以有动作，但不可以像人一样开口说话。第三，纯客观描述，作者零介入创作。要忠实地记录和展现动物角色，但不能揣摩、猜度作品角色行为。

沈石溪作品特征是：第一，作品的背景、发生地、角色、关系、习性、饮食等与动物生理学大抵吻合，但作品中的情节并非都会真实发生。第二，沈石溪作品中动物的拟人化，通过作品主体的心理活动、旁白和暗示，表达出动物和人一样的思想和情感，这与西方经典动物小说范式完全不同。可以说，在沈石溪的作品中，动物实际上就是人的化身。第三，沈石溪作品不是纯客观描述，作品中的主观倾向性十分明显，这一点也与西方动物小说明显不同。

文学本就不可能存在绝对的真实，大部分文学作品都属于创作者的艺术创造。沈石溪的作品是用动物小说映照人类社会的生命文化，儿童的感受和感悟有限，"科学的动物描写＋共情性"的描写手法更有利于青少年读者直观感受作品核心思想，而这才是沈石溪创作的目的和意义。

（二）装帧设计

1. 封面设计

封面设计的核心是传达出版者的意念，是影响读者购买的重要因素之一。《狼王梦》将广告元素和美观实用相结合，醒目的大色框中突出主书名和作者名，极大程度地吸引着市场消费者，以大自然环境为背景，以精美的主题动物作为封面主体，动物形象呼之欲出，对读者形成最直观的强烈的视觉冲击力，促进购买行为的产生。

2. 内文设计

由于《狼王梦》的主要消费人群是少年儿童，考虑到少儿读者的阅读特点和童书所需的易读性，台湾地区著名出版人陈颖青在《老猫学出版》中特别强调，"易读性指大量文字读起来舒服，不易疲累。易读性的最高境界是'透明'，你根本没注意到你正在读字"。《狼王梦》的版式设计极大程度满足读者阅读舒适度的需求，148mm×210mm 的大 32 开的设计开阔大气而又厚重。在版式设计上采用 22 行 ×25 字的版心，选用易读性较高的 10.5 磅的宋体字，既能保护视力，又使得整个页面通透疏朗。此外，每册书中还设有 6 幅大插图，增加了观赏性。

（三）营销手段

1. 打造品牌效应

《狼王梦》的成功除了优质的内容，主要是依托品牌效应，使得本书变成一本成功的畅销书。"作者+出版社+系列图书"的多重品牌保证使《狼王梦》迅速占领动物小说的童书市场，并取得了较高的市场认可。《狼王梦》是沈石溪的旧作，市场上版本较多，但浙少版的《狼王梦》却能一枝独秀、高歌猛进，可以说是童书出版界的黑马。首先，"浙江少年儿童出版社"在全国保持童书市场 13 连冠纪录，一直以"坚持做强出版主业，坚定文化责任之道，坚定创新发展之路"为总要求。"浙江少年儿童出版社"敏锐地感知到"人与自然和谐发展"这一时代精神在文学上的诉求和沈石溪作品与这一时代要求的高度契合，及时着力打造沈石溪品牌，全线包装整合动物小说，制定出分步骤、分阶段长线推出、打造原创作家品牌、打造动物小说长效阅读、通过作品优化升级转化为阅读产品的出版战略，以一己之力扛起"动物文学"大旗。沈石溪也迅速成为中国本土原创动物文学的品牌。

作为沈石溪"品藏书系"下的《狼王梦》，它的成功很大一部分是依托"品藏书系"的整体定位和打造，再加之浙江少年儿童出版社和沈石溪的品牌加持，使其一举成为儿童文学畅销书的"座上宾"。

2. 不断升级重构

作为沈石溪旧作的《狼王梦》，浙江少年儿童出版社对其进行开发时，发现文章内有章节，为了更便于小读者阅读，浙少社通过结合内容要点，与作者共同商榷进行了分章节拟标题、文字修订等一些编辑加工，努力提高作品的易读性。不仅如此，在最新修订版中，本书的附录设置了动物档案、狼种、闯入动物世界、获奖纪录板块，新增模块的文案、内容、附录形成了连贯有序、互为补充说明的完整体系，对小读者在阅读过程中需要了解的内容进行了全面的解释，突出了浙少社版的《狼王梦》与市场上其他版本、其他相似内容作品的不同之处和亮点。

此外，《狼王梦》进行了一系列故事营销，比如作者的故事、作者书里的故事、书以外的故事等都提高了图书的知名度和市场价值。

3. 举办活动

2008年上半年，浙江少年儿童出版社的编辑们陪同沈石溪进行校园阅读推广活动；2019年1月8日，浙江少年儿童出版社在北京举办了"沈石溪作品亿万庆典暨《狼王梦》百万销量"，再次引发市场关注。

（四）社会效益

1.《狼王梦》式的教育方式对当代教育的启迪

《狼王梦》之所以能称为畅销书并逐渐发展为长销书，一部分是其故事情节精彩动人，更重要的是文章中蕴含浓郁的情感。紫岚对孩子的培养方式值得深思，提示我们在注重学校教育的同时也要重视家庭环境，父母会对孩子的教育产生巨大影响。紫岚为了自己未完成的狼王梦，在四个小狼崽的成长过程中做了许多"不可理喻"的事，折射到人类社会的表现就是当代我国大部分父母都有着和紫岚一样的望子成龙、望女成凤的心理，把自己的意愿、自己未完成的梦想强行安插进孩子的世界里。紫岚为了小狼能成为狼王，为每个小狼制订不同的成长方案，而我们现在大多数家长都为孩子选择了流水线式的培养方案，没有充分挖掘孩子独特的闪光点。紫岚为小狼制订了独特的成长方案之后并没有过多的参与，只是从侧面进行促进，而现代社会的父母，不仅按照自己的意愿制订成长方案，还帮助孩子完成本该自己完成的任务，这直接导致了儿童缺乏社会适应性，欠缺独立生活的能力。所以，《狼王梦》在一定程度上激发了我们对现有教育模式的深思。

2. 映射出生命美学

《狼王梦》中，母狼紫岚以将自己的孩子培养成狼王为梦想，将狼的母爱、恋情、嫉妒、家庭观念、群体意识、优生优育、以及顽强的生存意识和培育后代的精心等观念在小说中表现得淋漓尽致。自然界中每一种生物生存的自然法则就是适者生存、优胜劣汰。上进和突破就是人类生命文化的最高准则。《狼王梦》中，在寒冷的冬天过后，紫岚在失去丈夫情况下为了保护小狼崽，就必须靠战胜比自己弱小的动物延续生命，战胜猎狗保护孩子，为了生存下去拼死抵抗金雕。沈石溪细致地描写了母狼面对这些挑战时的情景，充分体现了自然界"优胜劣汰，适者生存"的丛林法则。

《狼王梦》中的每一种生物都为了自己的生存在坚持奋斗，这映射到人类社会就是提醒我们生命的本质就在于不断奋斗，"优胜劣汰，适者生存"是一切物种都在不断进化的表现，"胜者为王，败者为寇"则是必然的结果。

3. 唤醒人类对自然和生命的敬畏

狼是沈石溪最喜爱写的动物，作为一种拥有性格多重、社会复杂的生物，狼展现出来的生命现象足以和人性媲美。沈石溪创作的虽然是动物小说，描写的是动物社会，映照的却是人类最深刻、最本真的生命文化，展现着动物对生命意识和生命质量的执着追求。

《狼王梦》中对大自然的描绘，给我们带来更加鲜明和深刻的自然之美。我们除了能感受到文章中狼所处环境的变化带动的情节变化，更能激发人们保护大自然的感情，给人类社会以启发，引人深思。

通过《狼王梦》中对动物的描写，我们感受到它们为了生存，克服艰难困苦给我们带来的震撼。人类与动物都是依附大自然生存，《狼王梦》中的动物世界就是人的世界，动物世界与人的世界对等。我们本都属于动物世界，只不过随着人类的社会发展，我们逐渐从动物的世界脱离，以自我为中心的存在意识占有并控制着地球的生存空间，与动物形成了严重的对立关系。在沈石溪笔下，动物是主体。人类是动物生活的介入者、观察者，通过动物世界思考人类世界，思考人类自身弱点及生活复杂性，从而意识到生命多样性以及保护我们共同生活环境的重要性。

四、精彩阅读

在高耸入云的日曲卡雪山峻峭的悬崖上，栖息着一只金雕。金雕是肉食类猛禽，鹰类中的豪杰，长着一对铁爪和一只铁钩似的嘴喙，能捕食比自己身体还重三五倍的动物。这天清晨，它离巢到山林觅食。它渴望能捕到肥嫩的羊羔或可口的岩鸽，但今天它的运气不佳，太阳升得老高老高了，还一无所获，正当它饥渴难忍的时候，它盘旋到了石洞上空。它美丽的黄褐色的羽毛在阳光下泛出一道道金光，巨大的翅膀有时自由地舒展开，一扇一摇，鼓起一团团雄风；有时静止不动地捧张着，任凭山风吹拂，在宽广的天空随意滑翔。

突然，它锐利的目光发现山麓有一片藤萝无风自动，钻出一只黑乎乎的家伙来。哦，原来此处有一个走兽藏身的洞穴。金雕俯瞰大地，视野开阔，那对淡黄色的眼珠灵敏度可以和人类精密的雷达相媲美。它眨动了一下眼皮，看清这黑乎乎的家伙原来是一匹幼狼，它的热情一下子减去了一半。

它能猎食兔崽、羊羔和鹿崽，甚至敢叼啄剧毒的眼镜蛇，但对狼却畏惧三分。狼的机警在日曲卡雪山是出了名的，极难从空中偷袭成功；尖利的狼牙能毫不费劲地咬断鹰爪，咬折鹰翅，很有可能会弄巧成拙，自己反倒成了饿狼果腹的食物。不到饿得万不得已，金雕是不会冒险袭击狼的。当然，它现在所看到的是一匹还没有多少防卫能力的幼狼，但通常是在母狼的陪伴和监护下幼狼才敢走出洞穴玩耍的，护崽的母狼更凶残，更不好惹啊。

——节选自《狼王梦》第56~57页

　　从回到栖身的石洞的第一天起，紫岚就把自己身上那种母狼的慈祥深深锁藏在心底，换成一副阴沉狠毒的面孔。它设计的其实是一种模拟训练，它把这个小小的家庭当作缩小了的狼群，自己扮演一个脾气暴躁性格乖戾的狼王角色，让媚媚做自己的伙伴，把双毛置于受奴役的地位。为了获得理想效果，假戏必须真演。

　　它对双毛实行无情的暴力统治，捕食时，强迫双毛第一个朝猎物扑去，强迫双毛拼命追撵，不管双毛累得口吐白沫，还是累得四脚抽搐，也从不怜悯。而它和媚媚，只在猎物拒捕或以死相拼的关键时刻才扑上去帮忙，大部分时间都地站在一旁看着双毛疲于奔命。一旦发现双毛在追捕时想偷懒或耍滑头，它便立刻扑到双毛身上又撕又咬。撕是真撕，咬是真咬，非要撕掉毛咬出血才勉强罢休。惩罚过后又立刻威逼双毛继续去拼命追撵猎物。你地位最末等，活该干这样的苦力活。

　　当捕获到猎物后，紫岚又立刻把双毛驱赶开，先自己敞开怀享受一番，然后由媚媚尽情饱餐一顿，最后才轮到双毛，这时，只剩下难以下咽的皮囊和仅沾着一点肉末星子的骨骼了。有时，猎物体积庞大，它和媚媚无法把内脏和好肉全部吃光，也不肯留给双毛受用；它恶作剧地把猎物的内脏和好肉扔下悬崖，或拖回石洞，让其变质生蛆，招引无数绿头苍蝇。

　　——你生闷气去吧，你是平庸的草狼，你没有资格吃这些美味的内脏和上等的好肉！

　　即便是饱餐一顿后在草原上溜达消食，紫岚也绝不会让双毛过得舒坦。媚媚可以钻进姹紫嫣红的野花丛中玩耍，可以追蝴蝶扑蜻蜓尽情嬉闹，但双毛却没有权利玩乐，只能像个马弁像个奴才似的跟在紫岚身后，稍不顺眼，便会招来紫岚的一顿打。

在栖身的石洞里，没有紫岚的应允，双毛是不能擅自出洞的。早春，天气还没彻底转暖时，夜晚睡觉，紫岚和媚媚睡在石洞底端，那儿吹不到冷的风，温暖惬意，让双毛躺在洞口，遮挡早春料峭的寒风和黎明冰凉的晨露。有几次睡到半夜，双毛大概是冻醒了，悄悄地移到洞的中央来睡，紫岚总能及时惊醒，凶狠地用牙和爪将双毛教训一顿，重新赶到洞口去睡。

——你是地位卑微的草狼，天生的贱骨头，只配用自己的身体为狼王遮风挡雨。

有时候，双毛小心谨慎地生活，完全按照紫岚的意愿行事，挑不出任何毛病来。即使这样，紫岚也不会让双毛过得安逸，它会无缘无故地跳将起来，把双毛咬得鲜血淋漓。

哭什么！你是没用的废物，天生的脓包，活该成为狼王的玩物，成为狼王的出气筒，成为狼王磨砺牙和爪的练习对象。你不用感到委屈，感到委屈也没有用，你根本不用费脑筋去想自己犯了什么过错，为什么会受到血的惩罚。欺负你是不需要理由，不需要借口，也不需要找碴的。你地位低贱，这就是欺负你的最佳理由。

紫岚还常常怂恿媚媚戏弄和凌辱双毛。媚媚鬼点子多，戏弄得别出心裁且花样翻新。有一次，她逮到一只青蛙，让双毛站在太阳底下用前爪踩住青蛙的背，既不能把青蛙踩死，也不能让青蛙逃脱，双毛在太阳底下整整站了一个下午，狼毛都差一点给初夏炙热的阳光烤焦了⋯⋯

——你既然自甘平庸，那么，谁都可以把你踩在脚底下。

双毛明显消瘦了，到了夏天，已瘦得腹部露出了一根根肋骨。它的狼眼里已没有宁静和自信的光彩，而只有恐惧。它唯命是从，随时都在观察紫岚的脸色，生怕紫岚不高兴，它甚至忘记了自己已是一匹即将成年的公狼，会神经质地又蹦又跳，在地上打滚，做出种种只有初生的狼崽才能做得出来的献媚邀宠的举动，以期讨得紫岚的欢心，少受点皮之苦。

紫岚并不欣赏，反而惩罚得更厉害。

双毛整天惶惶然，凄凄然，像在油锅里煎熬，像在地狱中生活。

紫岚心里明白，经过一个春天和半个夏天的折磨，双毛作为狼的忍耐力和承受力已达到了极限，也就是说，双毛会产生一个突变，这种突变暗藏着两个可能。第一种可能是双毛的狼的神经彻底绷断，精神彻底崩溃，退化成一条心甘情愿一辈子当奴才的狗，狗就是这种德行的，在主人面前永远自卑，以能吃到主人吃剩的残羹冷炙为荣耀，化屈辱为受宠，论主人怎样鞭笞怎样施暴怎样惩罚，都不会反抗也不敢背叛，天生就是被统治被奴役的命。倘若双毛真的在这场模拟训练中由狼退化成狗了，紫岚也只能认命。还有另一可能，不断加码的凌辱超出了双毛所能忍受的极限，奴性崩溃了，爆发出全部狼的本性来，紫岚坚信这种可能是存在的，谈到底，双毛血管里奔流的是纯粹的狼血，胸膛里跳动的是真正的狼心。

——节选自《狼王梦》第 109~113 页

五、参考文献

[1] 沈石溪. 动物小说大王的内心独白 [M]. 上海：少年儿童出版社，2018：76.

[2] 周清叶. 沈石溪动物小说的艺术特征 [J]. 北方民族大学学报，2009（4）.

[3] 陈颖青. 老猫学出版 [M]. 杭州：浙江大学出版社，2012：42，48.

[4] 王胜蓝. 新世纪十年本土原创儿童文学畅销书研究 [D]. 南京：南京师范大学，2012.

[5] 曾彪，李长宏. 论"狼王梦"的破灭对当今教育的启示——读《狼王梦》有感 [J]. 当代教育实践与教学研究，2015（4）：170.

[6] 冯瑾，战旖璇，戚颖等. 生态美学视域中的沈石溪动物小说研究——以《狼王梦》为例 [J]. 绿色科技，2016（11）：203-204.

[7] 冉隆中. 动物王国绽开的一朵奇葩——论沈石溪动物小说的美学追求 [J]. 云南电大学报，1994（3）：41-44.